マンガ コーチング実践ものがたり

銀行員のための元気な職場の作り方

前田典子 作 栗原清 画

近代セールス社

はじめに

1. 職場で実践してほしいコーチングとは

本書は、2006年から2010年まで「コーチング実践ものがたり」としてバンクビジネス誌に連載していたものをまとめたもので、近代銀行中野支店で発生する様々な課題を、コーチングを活かしたコミュニケーションによって解決していくものがたりです。主人公をはじめとして、関わる人達が成長していく様子も描かれています。

「コーチング」という言葉が、日本国内のビジネスシーンでポピュラーになり始めてから10年以上が経過しました。コーチングを活かしたコミュニケーションは、ビジネスのみならず教育や子育てなどあらゆる場面で大変効果的なものです。

しかし、世間ではそのように捉えられていないケースもあります。「コーチングはほめ殺しのスキルである」とか、「新人にコーチングは使えない」などと批判も決して少なくありませんが、これらは大きな誤解です。常にほめ続けることがコーチングではありませんし、知識が備わっていない新人に対して「質問」ばかりで指導をするわけでもありません。

また、「新人にはコーチングではなくティーチングではないか」いう意見もありますが、「コーチングかティーチングか」という議論はあまり意味のないものだと私は考えています。確かに、コーチングの手法だけに注目するとそのような議論も成立しますが、手法だけでなく考え方まで含めると、「相手を尊重する」というコーチングの考え方は、ティーチングの際にも必要だからです。

コーチングは、手法だけ見ると発信する方法がないように思えます。確かに、コーチングセッション（プロのコーチがクライアントに対して行うセッション。カウンセリングのようなもの）の際、コーチは指示をしませんし答えを言いません。

しかし、職場で実践してほしいのはコーチングセッションではなく、普段のやりとりにコーチングを活かしたコミュニケーションをプラスすることなのです。例えば、ティーチングの際に「ここまでやってどう？」などの問いかけを入れたり、仕事を一つひとつ覚えている新人に「できてよかったね」とともに喜び合ったりほめたりすることです。

新人を指導する際には、「できる」と期待して接する。上司が部下を叱る際には、部下に対する愛情を忘れずに叱る。職場内の議論では、相手をこてんぱんに論破するのではなく、相手に対しちょっとした心遣いを加える。本部と営業店のやりとりにおいても、お互いの立場を思いやったうえで交渉する。

このように、コーチングの考え方とそれに基づく手法は、人がともに生きていくための基本姿勢と言ってもよいでしょう。職場でのコーチングは、これまでやってきているコミュニケーションを「すべて変える」ものではなく、「プラスする」ものなのです。

このものがたりでは、以上のことを伝えるべく、あらゆるシーンでのコーチングを活かしたコミュニケーションの使い方をマンガで表現しました。

2. 相手を尊重するというコーチングマインド

コーチングには、大きく分けて2本の柱があります。それは「コーチングスキル」と「コーチングマインド」です。前者は「聴く」「質問」「ほめる」「肯定的に受け止める」などの手法、後者は「相手を尊重する」「相手を認める」などの考え方を指します。

スキルの詳細については、拙著「強い営業店をつくる　今日からやろうコーチング！」（近代セールス社刊）をご覧いただきたいのですが、中でも特に重要なのが「聴く」ということです。「聴く」ということは多くの人が「できている」と思いがちなのですが、実際にできている人はごくわずかです。「相手の話を遮らずに最後まで聴く」ということは相手を尊重するうえでの基本中の基本ですから、自身が話を聴くことができているかを意識してみることをお勧めします。

ここで強調しておきたいのが「コーチングマインド」です。コーチングは「相手のことを尊重する」という前提で成り立ちます。本文でも何度か触れていますが、例え

ば「あの人は嫌い」「あいつはダメだ」などと思っている状況で相手を尊重するのは難しいでしょう。

職場は、性別や年齢、雇用体系だけでなく、経験や能力、考え方、性格などが異なる多様な人が集まっているところです。ですから、自分が良かれと思ったことが相手にとってはそうでなかったり、全く違った仕事の仕方をしたりするのは当然のことです。しかし、組織は異なる人達がいるからこそ様々なお客様のニーズに対応できるのです。

そうはいっても、やはり違う考え方の人のことは理解しにくいものですし、ぶつかり合いがあると嫌悪感も発生するでしょう。それができあがってしまうと、「話を聴こう」と思ってもできなくなってしまいます。また、質問をしたりほめたりしてもイヤミっぽくなってしまい、人間関係は一層悪くなるかもしれません。

ですから、コーチングを機能させるためには、まず相手に対する自分の気持ちをコントロールしなければなりません。自分と違う人に対しては、つい「相手に変わってほしい」と思ってしまいがちですが、残念ながらこれは不可能です。交流分析を作った精神科医エリック・バーンの言葉にも、「他人と過去は変えられない」というものがあります。相手が変わる可能性は、「自分が相手への対応を変えることにより、もしかしたら相手が変わってくれるかもしれない」というところにしかないのです。

自分の対応を変えるためには、相手に対する見方を変えるしかありません。その具体的な方法をよく尋ねられるのですが、あいにくこれに明確な答えはありません。一般的には「その人の良い点を見つける」という方法がありますが、「嫌だ」というマイナス感情があると何も見えてきません。ただ、うまく行ったケースも少なからずありますので挑戦する価値があることだと考えています。

相手に対する見方を変えるといっても、相手を「好き」になる必要はないのです。良い悪いと考えるのではなく、「あの人と私はこんなところが違う」とニュートラルに捉えられればそれでOKです。「否定しない」と言い換えてみてもよいでしょう。

この「コーチングマインド」はコーチングのときだけでなく、人間関係の構築すべてに必要です。ですから、相手にネガティブなことを伝えるときにも、指導するときにも、教授するときにも必要なのです。コーチングハニーとともに、そのことを強くお伝えしたいと思います。

2010年4月

前田典子

もくじ

第1話
仕事を抱え込む新人
「オープンな質問」で意思疎通を図ろう

第1話

その日の
午後
ねえいつまで
待たせるのよ！
もう約束に
間に合わなく
なっちゃう
じゃない！
も…申し訳
ありません
こちら計算書の
お返しに
なります
大塚　優（テラー歴３ヵ月）
近代銀行中野支店営業課
何これ！
私の計算書じゃ
ないわよ…
どうなって
いるの？
大塚さん
どうしたの
手伝おうか？
いえ
大丈夫です
１人で
できますから…

1人でできそうにないから声を掛けたのに…
彼女は簡単な事務処理すらおぼつかないのね…私の新人時代とは全然違うわ…
ねぇ大塚さんそろそろ仕事に慣れてもいいころよね…あなたがもっと頑張ってくれないと困るのよ もう3ヵ月たっているんだから普通もう少し仕事ができるわよ
あらあら大塚さんと信頼関係が築けていないうえ自分の新人のころと比べながら指導を行おうとしているわね でもそれじゃ大塚さんは心を閉ざしてしまうだけよ…
えっ 何なの?
あなただれ? どうしてここに…

私は「コーチングハニー」——これからあなたが困ったときにアドバイスしてあげる
ちなみに他の人には見えないわ
え…信頼関係の構築?
そんなこと考えてもみなかった…
あのね指導にあたってはコミュニケーションが大切なの大塚さんの欠点を責めるのではなくまずはしっかり話をして信頼関係を構築しなくちゃダメよ!
コーチングハニー
コーチングをアドバイスする妖精
まずはオープンな質問をしてみたら?「どこが大変?」などと大塚さんがいろいろ話せるように質問をして大塚さんの悩みを聞き出してみて
なるほどオープンな質問ね
分かったわ彼女に話を聞いて信頼関係を構築してみるわ
コツはとにかく「質問」すること!頑張ってね!!
ボワ〜ン

その日の夕方
近代銀行
大塚さん ちょっと いいかしら…
テラーになって 3ヵ月経ったけど どう? 仕事には慣れた?
なかなか 慣れなくて 毎日大変です
どんなところが 大変なの?
覚えることは たくさんあるし お客様には いろいろ聞かれるし 処理している間に お客様をお待たせ してしまうし――
気ばかり 焦っちゃって…
――私ね 大塚さんのこと 今まで見て いたけれど 本当に頑張って いると思うわ
本当 ですか!?
その調子よ 大塚さんに オープンな 質問をして 悩みを 聞いているわね
頑張りを認めて いるのも グッドだわ

確かにお客様をお待たせしてしまっているわね
そのことについてはどう思っているの？
お客様の大切な時間をムダにしてしまって申し訳ないという気持ちです…
そういう気持ちを持つことは大事なことね
——それじゃあどうして処理に時間がかかっているんだと思う？
お待たせしてはいけないと思うんですがやらなきゃいけないことが集中するとどうしても頭が真っ白になってしまうんです
テラーになって3ヵ月だから焦るのも無理ないわ
——実はね私も始めはそうだったのよ
そうなんですか!?
——でもどうして周りの人に助けてもらわないの？
いつまでたっても私が成長しないで迷惑をかけるのが申し訳なくて…

大塚さんは
責任感が強いのね
――でも
私たちはチームで
仕事をしているの
だから
お互い助け合う
ことが必要なのよ
大切なのは
お客様
なのだから
ハッ
いいわよ
徐々に
大塚さんと
信頼関係が
築けてきて
いるわね
――それじゃあ
今後少しでも
慌てずに仕事に
取り組むためには
どうしたら
いいかしら？
仕事が集中しても
ミスしないように
ゆっくり処理して
分からないときには
先輩に助けてもらう
ようにします
――それと
時間がかかりそうな
お客様には前もって
お待たせする時間を
伝えておきます
やった！
大塚さんから
積極的な
発言が
出ているわ
じゃあ
頑張って
いこうね！
ハイッ！
頑張ります

解説

●成長のプロセスはそれぞれ違う

営業店では、若手行職員の早期戦力化が求められています。高知さんも、テラーリーダーとして頑張っているのに、なかなか思うようにいかないようです。

高知さんの最初のアプローチにおける問題点は、高知さん自身が大塚さんの（遅い）成長スピードに不満を持っているということです。高知さんは、自分が新人テラーだったころと大塚さんとを比べていますが、成長のプロセスは人それぞれ違います。また、外部環境も変化していますので「自分のときと同じように」とはいきません。

人を育てるためには、まず「自分と相手は違う」という前提で、積極的にコミュニケーションを取ることが大切です。

●オープンな質問で話してもらう

指導の際には何より信頼関係の構築が大切です。そこで心がけたいのが、「傾聴」です。コーチングハニーから指導を受けた高知さんも「仕事には慣れた？」という問いかけから、大塚さんがどのような気持ちでいるのかを聴き出しています。そして、うまくいっていない現状を責めるのではなく、頑張っている姿勢をきちんと認める（ほめる）ことによって、大塚さんが心を開いていきます。

また高知さんは「どんなところが大変？」「どうして処理に時間がかかるんだと思う？」など、相手に話させる「オープンな質問」をして、ほめるときには「（私は）〜と思う」と、自分の意見を相手に伝える「Iメッセージ」を使い、押し付けがましくならないようにしています。

さらに、今後どのように仕事に取り組むかについても、一方的な指示ではなく、大塚さんに方法を考えさせ、主体性を持たせたやり取りとなっています。

後輩の育成は、信頼関係の構築を大切にしながら行うことが重要なのです。

第2話
元気のない部下
「プラス面」を伸ばすことを意識しよう

朝礼にて
近代銀行
――今月も残すところあと1週間だが…投資信託の獲得目標が半分しか達成できていない皆一丸となって頑張ってほしい
中島さん投資信託の獲得状況はどうかしらもう少し乗せられそう?
うーん難しいかもしれません…
どうした んだ?元気がないぞ中島君らしくないじゃないか

第2話

ありがとうございました…
中島美佳(テラー歴３年)
近代銀行中野支店営業課
この窓口なんか暗いわね…
158
お客様長らくお預けいただきましてありがとうございます
お客様のご容望に応じることのできるいろいろな商品をご用意しておりますので少しご案内させていただけませんか？
話だけなら聞いてみようかしら…
こちらへ
まったく中島さんたら！

近代銀行
中島さん もっと頑張ろうよ！
まだ目標の 3割しか達成できて いないでしょ 一体どうしちゃったの？
え えっと
なんとか しなきゃとは 思って いるんですが…
お客様に 全然声をかけて いないじゃない！ テラーになって もう3年なんだから もっとできるはずよ
新人の 大塚さんだって 頑張っているのに…
あ はい…
皆に迷惑を かけているのは 分かっているわ どうしよう…
あ～ぁ
高知さんたら… まったく！ 中島さんが ますます 落ち込んでいるわ

その日の夜
中島さん どうして頑張って くれないのかなぁ…
ボワーン
あ～ そんなに飲んじゃって… 中島さんは 自信をなくしちゃっているのよ ――それなのに あんな声かけをしたのは まずかったわ
あっ ハニー！
何よ！ 私の 声のかけ方が いけなかった？
「目標の3割しか 達成できていない」とか 「お客様に 全然声をかけていない」って 言ったわよね
――だって 本当の ことだもん
どっちも マイナス面ばかりを 指摘しているわ… できていないことを 何度も言われたら 自信がなくなるのも当然よ
プラス面を伸ばすことを 意識しなきゃ！
でも何を言えばいいの？
伝えなきゃいけないのは 「頑張ればできる」という ことでしょ！ 中島さんは 「目標の3割は 達成している」んだから 目標を達成するためには ここをほめてあげなくちゃ！
そうなのかぁ…

それに皆の前で
ダメなところを指摘したり
大塚さんを引き合いに
出すなんて最低よ！
中島さんは
ますます
落ち込んじゃったわよ
分かったら
やり直し！
ハニー
マジック！
時間よ戻れ!!
中島さん
ちょっと
いいかしら？
最近
調子はどう？
どうって
言われても…
ダメですね
「そうよね」
じゃなくて
…
そうそう
同調しないで
詳しく理由を
聞いてみて！
うっ
食堂
どうして
ダメだと
思うの？

だって目標の3割しか取れていないし…
そうか それを悩んでいるわけね
もう少し具体的に聞いてみてね
今の状況についてはどう思っているの？
どうにかしたいんですが… 商品のことも経済のことも内容が難しくって… 分からないんです
そうだったの
お客様から質問されてもうまく答えられなくて… 私には預かり資産のセールスは無理なんです 私はこの仕事に向いていないんです…
――そう？ でも中島さんは目標の3割は獲得できているんだよね どうしてできたのかしら？
そうそう プラス面に目を向けるのよ
たまたまよく知っている商品をお客様が希望されたからです

そうか
問題は商品のことが
「分からない」ということね
――それなら
「よく知っている」商品を
一つずつ増やしていく
というのはどうかしら？
「提案型」の
アドバイスを
しているのは
グッドだわ
そうですね…
ただこれまでも
自分なりに
勉強したんですけど
ダメだったんです
大丈夫！
私も手伝うわ
そうね！
一緒になって
考える方向に
持っていくのよ
私商品の内容以前に
基本的なことが
分かっていないと
思うんです
経済とか金融とか…
私も最初はそうだったわ
――そのとき
この「だれでも分かる金融」って
本を読んでみたんだけど
経済や金融の仕組みが
よく分かるようになったの
この本貸してあげようか？
はい！
お願いします
じゃあ
基本を理解する
ところから
始めてみようか！
グッド

第2話

解説

●問題を感じたらすぐに対処

近年、商品やサービス等の増加とともに、頻繁な法改正等が行われています。営業店では、これらの対応に加えて、高い収益目標を与えられ、窓口を含めた全員が励まし合いながら頑張っています。

しかし、行職員が一丸となって業務に取り組んでいる状態が望ましいのですが、現場では何らかの理由で意欲を失い、それが極端に表面化している担当者も少なくありません。

今回の中島さんは、まさにそんな状態でした。このような担当者の存在は、その人自身のパフォーマンスを下げるだけでなく、チーム全体のモチベーションもダウンさせ、収益目標の未達成につながります。ですから「意欲が下がっている」「イライラしている」など、何かしらの問題を感じたら、すぐに何らかの対処をしなければなりません。

●つまずきの原因を探そう

最初に高知さんは中島さんを元気づけようと話しかけていますが、目標が3割しか達成できていないことや、声かけをしていないことなど、マイナス面ばかりを言及しており、中島さんはより一層元気をなくしてしまっています。

コーチングハニーが言っているように、「できていないこと」を見るのではなく、「できていること（プラス面）」に目を向けることが重要です。その理由を探り、強みを見つけることが目標達成や能力アップへの近道です。

また、意欲をなくしているのには何らかの原因があるはずです。その部分に関心を寄せずにただ「頑張れ」と言っても、やる気になるはずがありません。何がつまずきの原因なのかを聴き、解決策を一緒に考える必要があります。

何らかの問題を感じたときには、まず問題の本質を探るために話をよく聴くこと、そして、プラス面を見つけて、それをより伸ばすことが重要でしょう。

第3話

既婚職員に不満を持つ部下

相手の立場に立ってもらう質問をしよう

第3話

1週間後
――課長 来週の月曜日にお休みをいただきたいのですが…
来週？
えーっと… その日は山田さんがお子さんの幼稚園の遠足でお休みだから都合がつくようなら他の日にしてもらえないか？
――そうですか それなら別の日にします
…何で いつも私が山田さんの犠牲にならなきゃいけないのよ！
中島さん この伝票の処理お願いできる？
分かりました！
何とかしないとまずいなぁ…

ここ
いいかしら？
ねぇ中島さん
山田さんに対する態度
もうちょっと何とか
ならないかなぁ…
何か不満でもあるの？
山田さんには
みんな迷惑
しているんですよ！
急に休んだり
自分勝手に休暇を
取ったり——
そんな一方的な
言い方は
ないんじゃない？
山田さんには
小さなお子さんが
いるんだから
仕方ないわよ
子供がいるからって
どうして私たちが
我慢しなきゃ
いけないんですか？
子供を産んでも
働くって決めたのは
山田さん自身なのに！
高知さんから
山田さんに
もっとプロらしく
責任感を持って
仕事するように
言ってくださいね！
うん
うん
困ったなぁ
どうしたら
分かって
くれるの
かしら…
はぁー

第3話

ボワーン
またお悩みのようね？
あっハニー！
そうなのよ…中島さんと山田さんの雰囲気が悪いから中島さんに話を聞いてみたんだけど彼女の一方的な気持ちだけ押しつけられちゃって…
——確かにこのままじゃ中島さんは変わらないわね
どうしたらいいの？何かいい方法を教えてよ！
状況は違っても山田さんの気持ちを理解してほしいのよ
子育て中の人も気持ちよく仕事を続けられるお店にしたいもの
うーんあなたは中島さんにどうなってほしいの？
つまり中島さんに相手の視点で考えられるようになってほしいのね
じゃあ魔法の質問を教えてあげる！『もし中島さんが山田さんだったら？』——そう聞いてみて♡
そんなことを聞いて効果あるの？
まぁ試してみてよ

その日の夕方
結婚後も働く女性が増えて山田さんのように小さなお子さんがいる人とかいろいろなケースが出てきたけど…そういう人も含めてみんなで協力しないと仕事はうまくいかないよね中島さんはどう思う？
それはそうですけど急にお子さんの事情で休まれると業務に支障が出るんですよ…それでいつも独身の私たちにばかり負担がかかってイライラしちゃうんです仕事が中途半端じゃ困ります
その気持ちはよく分かるよ…でも山田さんはみんなに迷惑をかけているって気づいていないのかなぁ？
さぁどうかしら…
ボワーン
中島さんの気持ちは全然ほぐれないわね
高知さんほらほらアノ質問をしてみて！
あ！

ねぇ中島さん もし中島さんが山田さんだったら どんな気持ちだったと思う?
えっ!?
もし私に小さな子供がいて その子が熱を出してしまったせいで 仕事を休むことになったら…
ぶつぶつ
私が山田さんの立場だったら… まずみんなに迷惑をかけて「申し訳ないなぁ」という気持ちと ——それから 仕事に行きたくても行けなくて辛い気持ちになるかもしれません
はっ
やった!
『もしあなたが~さんだったら…』の質問で 山田さんの気持ちを分かってもらえたわ ——この質問は 100% 相手の立場に立った 自分を 一瞬イメージできる マジックフレーズ なのよ!
相手の立場に立った 気持ちを 口に出すことで 相手の気持ちが より一層分かるの これで中島さんも 高知さんの話を 聞いてくれる はずよ!

実は山田さん
お子さんを
ご両親に預かって
もらった日は
遅くまで
残業しているのよ
えっ？
そうなんですか
お子さんのこと
心配だろうに…
――私
山田さんに対して
意地悪でした
山田さんだって
一生懸命なのに…
あんな態度をとって
申し訳ない気持ちで
いっぱいです
どう？
山田さんと
うまくやれそう？
子育てしながら働くのは
大変だって分かっている
つもりだったんですけど…
私…自分勝手でした
私だって同じ状況に
なるかもしれませんよね
これからはもっと
山田さんに協力します！
あっ！
お昼に話したこと
山田さんに
言っちゃいました？
大丈夫
言って
ないわよ！
うまく
いったね♡

1ヵ月後
近代銀
子供のおゆうぎ会が来週だから今週は準備が大変だわ…
おゆうぎ会ですか楽しみですね！
私今週だったらお手伝いできますから早く帰りたい日は言ってくださいね
本当？ありがとう助かるわ！

解説

●多様な雇用体系に対処する

一昔前までは正社員がほとんどでしたが、昨今は雇用の多様化が進み、パート職員、派遣社員などが増え、正社員のほうが少ないという店舗もあります。

そんな中、しばしば発生するのが本ケースのような状況です。ケースは既婚と未婚の違いによる問題ですが、パート職員と正社員という図式も多く見られます。

女性同士ということもあり、お互いの状況は分かると思われがちですが、だれしも物理的・心理的に余裕がない状態が続くと、相手を思いやれなくなります。

少し視点を変えて考えてみれば相手の状況もよく理解できるのですが、ついつい一方的な見方で相手を非難してしまうのです。

人間関係のトラブルは職場全体の雰囲気も悪くしてしまう可能性があるため、対処法を考えなければなりません。

●「相手視点」を生み出させる

まず、高知さんのように「よく話を聴く」ことは大切です。話を聴いてあげることで中島さんのストレスはかなり和らいだはずです。しかし、これだけでは根本的な問題は解決できません。やはり山田さんの気持ちを理解してもらうことが必要なのです。

こういったときによく使われるのが「相手の立場に立ってみて」というフレーズですが、相手に対して否定的な感情があると、このフレーズだけで相手の立場に立つのは難しいようです。そこで有効なのが「もしあなたが〜さんだったとしたら」のフレーズです。

このフレーズは、ほんの一瞬ですが、自分を１００%相手に置き換えてイメージすることができます。そのイメージから「相手視点」を生み出させるのです。

本ケースでは、これがきっかけで中島さん自ら一方的なものの見方だったと気づきました。このようにして多様な人材が気持ちよく働ける職場にしたいものです。

第4話

同じ間違いを繰り返す新人

先入観に左右されずに指導しよう

第4話

これからはテラーリーダーの高知さんにいろいろ教えてもらいなさい
よろしくお願いします
よろしく
じゃあこっちに来て
この伝票は3番で打ってね
ふむ
ふむ
こっちの伝票はこう処理するのよ
はい！分かりました
…メモも取らないで本当に分かっているのかしら?
これは…
それからこの書類は——

1週間後
ちょっと 桜野君 この伝票の処理が 間違っているわよ
気をつけて!
本当ですか? すみません
まったく いい加減ね! 仕事覚える気 あるのかしら?
527
あの～ この入力も 間違っちゃったん ですが…
また? 急いで取り消して ちょうだい! 前に教えたから 分かるよね!?
いえあの… すみません 忘れちゃったんで もう一度 教えてください
ええっ!! この前教えた ばかりじゃないの
ノートを作って きちんと書いて おきなさいよ!!
ガミ ガミ
す… すみません
ダメだ… やっぱり 評判 どおりね
はー

あら
具合でも
悪いの？
ぐた～～
あっ
ハニー！
ちょっと
疲れちゃって
はぁー
アイツ…あっ
桜野君ね
説明しても
メモしないから
全然仕事を
覚えないいん
だもん！
ちゃんと
メモさえ取れば
間違えないのよ
同じ新人でも
大塚さんはノートを
作っているのに
アイツったら…
アイツって…
ひどい言い方ね
だって
頭にくるんだもの！
前にアイツを
教えていた担当者も
言っていたけど
いい加減なのよ
本当に
そうなのかなぁ…
これを見てごらん
ハニーマジック！
ほどほどで
帰れよ～
事務規程

桜野君のこと ちゃんと見ている？ 私には いい加減そうには 見えないわよ
どうして メモしないのか 桜野君には 聞いてみたの？
え…？
ドキ
でも～ メモもしないし 何度も同じこと 間違えるし…
いちいち ガミガミ言うから あなたの前では 萎縮しているのよ
それに こんなことも 知らないでしょ？
ハニーマジック！
あの若い 行員さんは 一生懸命で 誠実ねぇ
私が最初からいい加減って 決めつけていたのかも…
○
×
やっと気づいたみたいね
他人からの話だけで 最初から×印をつけていたら 桜野君は絶対に育たないわよ 今度はちゃんと 桜野君と向き合いなさい！

翌日
近代銀行
桜野君 ちょっと いいかな？
ビクッ
あなたの応対って お客様から とても評判がいいのね 私知らなかったわ
ほっ…
そ… そうですか！ ありがとう ございます
きょうも がんばろー
その感じで事務も こなしていきたいよね？
それで少し気になっている ことがあるんだけど… 桜野君 なんでメモを取らないの？
あの…僕 メモを取るのが すごく下手なんです それで説明を聞くほうが おろそかにならないように まずは「聞く」ことに集中して 後でメモしようと思うんですが 忘れちゃうことも多くて…
ほら 彼なりに 事情があったのよ それなのに 処理を急がせながら 教えたのは誰かしら？
？

分かった
メモするのに
少し時間がいるのね
どのくらい必要かな？
フンフン
えっと
2～3分あれば大丈夫です
その後できちんとノートに
整理し直します！
そっか
焦らせちゃって
ごめんなさい
これからは
少しペースを
落として
説明するわ
はい
よろしく
お願いします！
じゃあ
このオペレーションを
やってみようか
後でメモする
時間を取るから
分からないことは
何でも聞いて
ちょうだいね
グッド
はい！

第4話

解説

●先入観や決めつけはNG

新入行職員の皆さんも一人前らしくなってくる時期となりました。順調に育つ新人がいる一方、育成に手こずるタイプもいます。

しかし、チームのメンバーや環境、仕事のやり方が変わるなど、何らかの出来事をきっかけにグーンと伸び始める人もいるのです。

本ケースでは、最初の担当者による育成がうまくいかなかった新人の桜野君を高知さんが指導することになったのですが、高知さんは指導にあたり、「評判が悪い」という噂から先入観を持った状況でのスタートとなりました。そのため、桜野君を「いい加減」「覚える気がない」と決めつけてしまい、ミスをする度に、「やっぱり」と先入観を確認しています。

桜野君が新たな気持ちで頑張ろうと思っても、高知さんは最初から桜野君に×印を付けているため、彼の伸ばすべき良いところがまったく見えていません。そして「ダメなところ」を見つけると、ただ感情的に対応しています。これは指導者としてはNGです。

●相手に期待する心を持とう

ハニーが言うように、過去にどんなことがあったとしても、まずは桜野君ときちんと向き合うことが必要です。というのは、これまで桜野君は周りから×印を付けられてしまったことで、伸びる可能性を狭められていたのかもしれないからです。高知さんが×印ではなく、まず○印を付けるところからスタートしなければ、桜野君は永久に成長のきっかけを失ってしまいます。

過去の評判や情報に左右されず、まずは自分の目でよく見ることを徹底することが大切です。

コーチングの基本は「ほめる」ではなく、まず相手に期待する心を持つということにあります。そのうえで、良いところを認めたり、ほめたりするからこそ、相手が自己肯定感を高め、成長することができるのです。

第5話

上司や先輩を手伝わない若手

伝えるべきことは率直に口に出そう

第5話

その日の夕方
高知さん この伝票も 頼むよ
はーい
今日は 忙しかった〜
でも 意外と早く 片付いて よかったね
あら？ 2人とも もう仕事 終わったんだ
でも 私たちがまだ仕事を しているのを見れば 手伝ってくれるわよね
お疲れ様でした〜
えぇっ！

ちょっと中島さん大塚さん
はい？
あなたたち上司や先輩が忙しく仕事をしているのを見ても何とも思わないわけ？
えっ!? 自分の仕事はちゃんと終わらせましたけど…
そういうことじゃなくて！
今朝だって目の前で私たちが書初め展の準備をしているのに平気でおしゃべりしていたでしょ？
え？ 言ってくれたら手伝いましたよ…
言われなくたって上司や先輩を見て「自分たちもやらなきゃ」って思うのが当然じゃない！
でも勤務時間外のことですし指示もありませんでしたから…
…あの今日は用事があるのでお先に失礼します
ス…

まったくもうっ!!
ボワ～ン
何をそんなに怒っているのよ
あっ ハニー!
聞いてよ あの2人ったらひどいのよ 上司や先輩が忙しく仕事をしていても知らん顔なんだから
あなたは手伝ってほしいって言ったの?
言ってないわよ …だって普通は何も言われなくても手伝うでしょ?
なるほど… あなたはそれが普通だと思っているわけね
当然よ!
私が新人だったころは上司や先輩の姿を見て言われる前に自分から率先して手伝ったもの
——でも世代の違う彼女たちにそうやってあなたの考え方を一方的に押しつけたって効果はないわよ
え… どういうこと?

世代や育った環境によって考え方や受け止め方は違うの
例えばあなたたちの高校時代を比べてみるわね
ハニーマジック！
ほら これだけでもまったく違う環境で育ってきているのが分かるでしょ？
それでも2人があなたと同じように物事を考えるかしら？
ピピッ ピ
ぶっ ぶっ
う～ん 確かに携帯電話はなかったし… 私とは価値観や考え方が違うかもしれないわね
パチン
――そう あなたにとっては当然のことでも彼女たちには違うこともあるよね？ だから自分の考え方を押しつけるだけじゃコミュニケーションはとれないわ
あのね「以心伝心」というのは他人同士である以上無理があるのよ ――特に違う世代の相手に何も言わなくても分かってもらおうなんて難しいと思わない？
じゃあ どうすればいいの？

第５話

「伝えるべきこと」は率直に口に出して言うこと！2人に手伝ってほしいなら正直にそう言わなきゃ
言えば分かってくれるのかしら…
ポイントは相手を尊重しながら伝えることよ♡
それじゃあまたやり直しね
ハニーマジック時間よ戻れ！
2人ともちょっといいかな？
はい？
実は今週中に終わらせないといけない仕事が残っているんだけど私たちだけではちょっと大変なんだよね
そうなんですか…

お忙しそうなので手伝おうかと思ったんですけどもし必要なら指示があるだろうし…

終業後だから私たちは帰ったほうが規則上いいのかと思っていました

確かに中島さんも大塚さんも自分の仕事はキチンと終わらせているし残業の扱いには気を遣うわよね

そうそうちゃんと相手を尊重するのよ

今日はもう大丈夫だけどもし明日から2人が手伝ってくれると私たちすごく助かるわ

はい
分かりました

あ…ありがとう！

ほら簡単でしょ

翌日の夕方
大塚さん こっちの入力 頼める？
はい！
あの2人が 手伝ってくれて 助かるよ

解説

●世代や雇用体系で考え方が違う

「最近の若手は言わないと動かない」という不満を多くの職場で耳にしますが、「自ら動かない若手」に関するエピソードは、必ず「私たちの若いころは先輩の背中を見て自ら動いたのに」という話とセットになっています。

しかし、昨今は規則で「やってはいけないこと」が多いため、職場では自主性や自発性が育ちにくい状況になっているようです。さらに、どんなときに自分で判断して動くかは、世代の違いや雇用体系によっても大きく考え方が異なるのです。

もし、何かしてほしいと思うことがあるなら、相手が動いてくれるまで待っているのではなく、自分から働きかけるほうがうまくいきます。また、相手が期待どおりに動くのを待っていてはストレスが溜まり、人間関係を悪くする原因にもなります。

●相手を尊重し気持ちを伝えよう

本ケースでも、高知さんは状況を理解していながら自ら動かない後輩たちにイライラしていました。

このように「期待しているのに動いてくれない」と感じたら、それを自分の中に溜め込んでしまうのではなく、まずは口に出して率直に伝えてみましょう。

伝える際は、「上司や先輩を見て自主的に動くべきなのに」という「べき論」や「相手への不満」は横に置いておくとうまくいきます。相手に対する不信や不満を言ってしまうと、どんな言葉でもフォローはできません。イヤミと受け取られるかもしれません。

高知さんのように、「大変なんだ」と自分の気持ちを伝え、「手伝ってくれると私たちは助かる」というWeメッセージ（「私たち」を主語にしたメッセージ）を使うのは大変よい方法です。

また、相手を尊重し、気持ちを丁寧に受け止めることもポイントです。

第6話

手伝っても感謝しない部下

相手の表情や声のトーンに気をつけよう

近代銀行
近代
いらっしゃいませ
退職金をもらったんだけど何かいい商品はないかな?
運用のご相談ですね?
どうぞあちらの窓口でお伺いいたします
大塚さん
運用相談は私がやるから大丈夫よ
えっ!?
あ…ありがとうございます

第6話

私営業課の
高知と申します
こちらにどうぞ
…私にも
できたのにな
ねぇ中島さん
このお客様は
個人年金保険に
関心があるみたいね？
テラー日誌
ええ
窓口にいらしたときに
そうおっしゃっていたので
メモしておいたんです
今日あたり電話して
みようかと思うんですが——
う〜ん
でも説明が
難しい商品だから
このお客様
私が引き継ぐわよ
えっ？
はい
よろしく
お願いします
近代銀行営業課の
高知と申します
先日
中島からご案内
いたしました
件で…
はぁー

1週間後
近代銀
高知さん少しいいかな？
はい
会議室
この前中島さんと大塚さんから相談されてね
彼女たちが受けたお客様なのに高知さんが仕事を任せてくれないって言うんだけど…
そんなことありませんよ！
心当たりはない？
ないです
ただ彼女たちには荷が重そうなお客様を私が引き継ぐことはありますけど…
でも2人は自分たちのお客様を取られたように感じているようだよ
少し考えてみてくれないかな
は…はい

はぁ～
パタン
ボワ～ン
ずいぶん落ち込んでいるみたいね 何かあったの?
あぁ…ハニー 中島さんと大塚さんに誤解されているみたいで…
どういうこと?
2人からちゃんと了解をとって仕事を引き継いであげているのに私が横取りしたみたいに思われているのよ
ふーん
後輩たちと意見が食い違っているわけね…
2人が了解したって言ったけど本当にそうなのかな?
もちろんよ「ありがとうございます」とか「よろしくお願いします」って言ってくれるもの
そのとき中島さんと大塚さんはどういう表情していたかな?
表情…?

忘れちゃったの？
思い出してみなさい！
ハニーマジック！
あれー
こんな顔していたかなぁ？
快く了解しているようには
見えないわよ
声のトーンは
どうだった？
うーん少し
暗かったかも
しれない…
ほら
不満があることを
表情や声のトーンで
伝えているのよ
先輩に対して
「嫌です」なんて
言えない気持ちは
分かるでしょ？
…うん

人の本音は言葉そのものよりも表情や声のトーンに表れるのよ
だから2人は快く思っていなかったんじゃないかしら?
そうか… 私のほうが誤解していたのかもしれない
分かったら2人とちゃんと話し合いなさい
食堂
中島さん大塚さんちょっといいかな?
…はい
私が運用相談のお客様を代わって受けてあげるのあんまりよくない?
いえ そんなことは…

ほら表情をよく見て！
いいのよ思ったことを言ってくれて
あの…先輩に助けてもらいながらでも自分で運用アドバイスをしたいんです
それがお客様との信頼関係にもつながりますし
私は…先輩に信用されていないのかなって——
自信がなくなるんです
そうだったの
私が手を出しすぎていたのね気がつかなくてごめんなさい
これからはもっとあなたたちに任せるわ！
もちろんバックアップはするから困ったときは何でも言ってね
はい
お願いします！
うんいい表情ね♪
グッド

第６話

2週間後
高知さん 運用相談のお客様がいらしたので窓口をお願いできますか
任せて！
ホッ

解説

●不満のサインはどこかに表れる

心理学者メラビアンによると、コミュニケーションは、①言葉、②声のトーン、③表情・動作・態度の３要素からなり、その比率は、①７％、②38％、③55％といわれています。そして、①をバーバル（言語的）コミュニケーション、②と③をノンバーバル（非言語的）コミュニケーションと区別しています。

部下や後輩が、言葉では「分かった」と言うのに、行動が伴っていないことはないでしょうか。もしかすると本当は、「納得していない」のかもしれません。その場合、どこかに何らかのサインが表れていることが多いのです。

本ケースのように、後輩が「ありがとうございます」「よろしくお願いします」と、言葉では了解していても、１００％そのとおりとは限りません。本音は逆というのはよくあることです。

●必ず話し合って本音を探ろう

高知さんは、後輩の声のトーンや表情（ノンバーバルコミュニケーション）を見逃していましたが、本音はノンバーバルコミュニケーションに表れやすいのです。

「言葉に元気がない」「表情が曇っている」「目を見ない」「語尾が消える」などには何か意味があるかもしれません。

「明らかに表情や声が不満そう」という場合もありますし、明確には分からなくても、「何となくおかしい」「何か引っかかる」と感じることもあると思います。その感覚を無視してはいけません。少しでも「おかしい」と感じたら、必ず話し合って本音を探りましょう。

部下や後輩は、上位者である上司や先輩に対して「分かりません」「納得できません」などとは言いにくいものです。上位者が自分に都合よく解釈して物事を進めてしまうと、徐々に信頼関係を損ない、後に大きな問題に発展することもあるのです。

第7話 指示しても動かない部下

ミニコーチングで自発的な行動を促そう

株価の値下がりで○×投信の基準価額がかなり下がっています
近代銀行
皆さん○×投信をお持ちのお客様には早めに状況をご説明してくださいね
はい！
中島さんが電話くれて助かったわ
○×投信の価格を見てどうして下がったのか分からなかったから
251
値動きの原因が分からないと不安なものですよね
今回の値下がりは――

うんうん
中島さんはしっかり
フォローできている
みたいね
大塚さんは…
はぁ…
あら
どうしたの
かしら？
大塚さん
○×投信を
お持ちのお客様に
連絡している？
それが
なかなか
できなくて…
こういう
値動きが
あったときこそ
お客様に
よく説明しなきゃ
ダメでしょ！
さぁ
電話よ
電話！
……
う〜ん…

大塚さん
フォローの
電話かけた？
いいえ…
他にも仕事は
あるだろうけど
グズグズしていると
タイミング
逃しちゃうわよ
そうですよね
ここがお客様との
信頼関係づくりに
大事なところ
なんだから
早く電話してね！
もう！
ボワ〜ン
STOP!!
何よハニー
いま忙しいのに

大塚さん
うつむいちゃっているじゃない
あんな一方的に指示しても
ダメよ！
え〜
フォローの電話なんて
難しいことじゃないし
ちょっと言っておけば
いいんじゃないの？
でも
大塚さんは指示されても
できていないよね？
そんなこと言ったって…
営業時間中に
時間をかけて指導する
わけにもいかないし
業後に残って
教えるほどのことでも
ないでしょう？
高知さん
コーチングって
じっくり
話し込まなきゃ
できないって
思っているん
じゃない？
えっ…
違うの？
違うわよ
ミニコーチング
といって
2〜3分の
立ち話でも
できるのよ
ミニコーチング…？

ええ
いまの高知さんのように
時間が取れないときでも
少し工夫して効果的に
コーチングする方法ね
へぇ〜
ちょっとした時間でも
できるってこと？
そう
今までの大塚さんへの
対応を見てみると
質問したのは最初だけで
あとは一方的に
話しているでしょ？
だけどコーチングでは
問いかけて考えさせることが
大切なの
じゃあ
どうすれば
いいの？
一方的な指示ではなくて
『質問』にすればいいだけよ
それだけ？
簡単でしょ！
自分で考えさせることで
自発的な行動を促すの
ふ〜ん
とりあえず
やってみるわね

翌日
近代銀行
フォローの電話どう？
カチッ
それが…まだなんです
急ぎの仕事があるとか何か理由があるの？
せっかく買っていただいた投信が下がってしまって申し訳ないと思うと電話ができなくて…
そっか それを気にしていたのね 大塚さんはどうしたいの？
1分…
もちろん 不安なお客様に状況をご説明したいです
その気持ちがあるならやってみたらどう？
そうですよね

お客様は
どう思うかな？
安心されると
思います
2分
そうよ
心配なときに
連絡してくれたら
きっと信頼して
もらえるよね
今日は電話できそう？
はい
やってみます！
カチッ
ほら
たった3分で
終わっちゃった
本当ね
コーチングって
面接みたいに
時間をかけて
指導しなきゃ
意味がないんだと
思っていたわ
これからも
忙しいときは
ミニコーチングよ
♪
分かったわ
ありがとう
ハニー

第7話

解説

●短時間で行うコーチングもある

「なかなかコーチングをしている暇がない」という声をよく聞きます。毎日業務に追われて、部下や後輩とゆっくり対話をする時間が取れないというのです。「コーチング・セッション」をするには、まとまった時間が必要です。しかしそうすると、コーチングを活かせるのは「面談のとき」や「業務時間外」などに限られてしまいます。

もちろん、じっくりと対話するコーチングは大変効果的ですが、限られた時間の中で毎日行うことは非現実的といえます。

コーチングを活用するやり方は、「長いコーチング」だけではありません。日常のちょっとしたやり取りの中でコーチングを使う「ミニコーチング」という方法もあるのです。

ミニコーチングとは、短時間で行うコーチングのことで、今回のマンガのような「一方的な指示命令」を「質問を入れた会話」にするというものも含まれます。

●自分で考えさせることが重要

ハニーが言うように、ほんの数分間の会話に質問が入ることで、「――しなさい」という指示ではあり得ない、「自分で考える・自分で話す」というプロセスが大塚さんに生まれます。ここがとても大切なのです。

大塚さんには「やらなければいけない」という気持ちはありました。しかし、申し訳ないという気持ちが迷いとなり行動を妨げ、どんなに「やりなさい」という指示を受けても動けません。ところが忙しく仕事をする高知さんには、大塚さんとゆっくり話し合う時間がありませんでした。

そこで今回は、指示を質問に変えるというミニコーチングを使って大塚さんの迷いを解消し、自発的な行動を促したのです。

皆さんの職場でも、ぜひミニコーチングを取り入れてみてください。

第8話

新入行職員への指導

コーチングをする前にティーチングをしよう

近代銀行
先週で新人研修を終えて今日から中野支店の仲間になる菅谷くんだ
菅谷です皆さんよろしくお願いいたします
パチ
パチ
高知さん指導はよろしく頼むよ
はい
コーチングで菅谷くんをすばらしい銀行員に育ててみせるわ！

第8話

よろしく 分からないことは 何でも聞いてね！
は… はい
菅谷くんは どんな銀行員に なりたいの？
どんな…と言われても まずは早く仕事を 覚えたいです
——そう じゃあ何か不安な仕事は あるかな？
えっと 特にコレというのは…
ふぅん
あらあら 意気込んじゃって 新人は まだ何が不安かも 分からないのに…

翌日
今日は伝票の種類を教えるわね この伝票はどんなときに使うと思う？
え…？ 何でしょう
…分かりません
これは預金を払い戻すときに使うのよ
あの～ その～
じゃあ これは どうかな？
う～ん マズイなぁ…

第8話

業後・食堂にて歓迎会
はぁ…
ボワ〜ン
浮かない顔ねぇ
やっぱり来たわね ハニー
あら 自分でもうまくいってないと思ってるの?
うん… 菅谷くんを伸ばしてあげたいと思ってコーチングしているんだけど質問してもスムーズに返ってこなくて…
なるほど 菅谷くんを伸ばしたいという気持ちはいいわね でも コーチングの使い方がちょっとマズイみたい
何が いけないのかなぁ?

あのね
菅谷くんは新人なのよ
質問したって
すぐに答えが出るわけ
ないじゃない
じゃあ新人に
コーチングは
使えないの？
そんなこと言ってないわよ
コーチングって質問する
ことだけだった？
菅谷くんの状況を考えて
みれば分かるはずよ
え？
チョ…
チョット
何をしている
のよ！
そーなの
トン
トン
お疲れ様です
あっ
お…
お疲れ〜
サッ
菅谷さん
大変そうですね〜
私も1年前を
思い出します
ねぇ大塚さん！
入ったばかりのころ
どんなことを
考えていたか
覚えている？
去年の
今ごろですか？

第8話

とにかく覚えることが多くてついていくのが大変でした
う〜ん
そうか
新人にはコーチングに入る前に業務を教えたり指導したりするティーチングが必要なんだけど…高知さんも気づいたみたいね
1週間後
——ところで今日で1週間たったけどここまで仕事してみてどうかな？
まずは気持ちを聞いたわね
うんうん滑り出しは好調
聞かれたことにいつも答えられなくて…自信がなくなっています
そっか質問攻めにしちゃってごめんなさい研修では細かいことまで教えてくれないわよねもう一度最初から教えるわ
はい！

そうそう
まずはティーチング！
その合間にコーチングを
活用すれば効果的なのよ
この処理はこうやって
ここの数字を合わせて――
それから集計した数字を
毎日午後2時までに
課長に連絡するのよ
ここまではどうかな？
何か聞きたいことはある？
ある程度
ティーチングをして
理解度を確認――
うまいじゃない♪
まだあやふやな
ところはありますが
実際にやりながら
しっかり覚えて
いきたいと思います
分かったわ
じゃあ
やってみよう！
菅谷くんは
全体の流れがよく
分かっているから
細かいところの
理解も早いと思うよ
覚えることが多くて
大変だろうけど
一緒に頑張ろうね！
はい
ありがとう
ございます
ほめて
励ますのも
GOOD!!

解説

●「コーチング＝質問」ではない

コーチングを新入行職員の育成に活用する場合、気をつけたいのがその使い方です。「コーチング＝質問」ととらえて使ってしまうと、新人を戸惑わせてしまいます。

高知さんは何も分からない新人の菅谷さんに対し、いきなり質問を重ねています。研修を終えたばかりの菅谷さんは、質問されても何も答えられません。逆に「できない・分からない」などと言うことで、自信をなくしてしまうおそれがあります。

新人教育の初期段階で大切なのは、「不安を取り除き新しいことを吸収させる」ことです。そして次の段階（3ヵ月を過ぎるころ）では、少しずつ仕事を任されると同時に失敗も増えてきますから、「自信を失わせることなくチャレンジを促す」ことが重要なポイントとなります。

●ティーチングを中心に進める

新人育成にコーチングを使う際には、「質問する」といったスキルよりも、まず「心を寄り添わせて支援する」というマインド（姿勢）に重点を置くことが望まれます。「プラス面を見つける」「同じ目線で教える」「相手を尊重する」など、人を育てるために必要なマインドはたくさんあります。これらがなければ新人からの信頼は得られないし、信頼関係がなければ育つものも育ちません。

またスキルの中にも「ほめる」「フィードバック」など積極的に活用したいものもあります。知識や情報を与える「ティーチング」を中心に、良いところはほめながら、確認や感想を聞くときに質問を織り込み、自分を振り返らせながら少しずつ自信をつけさせる方法がよいでしょう。

知識や情報が増え、1人で仕事ができるようになるに従い質問の機会を増やすようにすると、考える習慣が身につき、自主性が育まれていきます。

第9話
年長パート職員への指導
相手の経験を認めて率直に伝えよう

近代銀行
ある日の食堂
ここいいかな？
福井佑樹
中野支店渉外課
あら
福井さん
どうぞどうぞ
渉外課に
パートさんが
入ったんですって？
あぁ小松さんね
以前は
保険会社でセールスを
していたそうだよ
じゃあ
けっこう仕事が
できるんじゃない？
う〜ん…

それが実は――
はい
近代銀行
小松です
あっ
現代商事の
社長さ～ん
いつもどうも♡
ヒソ
ヒソ
社長さ～んは
ないだろう…
それに…
DMの宛名
書いておきました
123-4567
○○区 △△町 1-2-3
(株) □□
○○社長さま
ぜひ読んで下さい
社長さま…
絵文字…
――というわけなんだよ
基本的な
ビジネスマナーを
知らないから
困っちゃうよ
そんなことが
あったんだ…
そのDMはどうしたの？

自分で書き直したよ新人ならすぐに注意するんだけど僕より年上でしかも営業の経験者だからねぇ
う～ん助けてあげたいけど私も年長者への指導経験はないし…ハニー教えてよ～!!
ボワ～ン
お呼びかしら？
あぁハニーー！
ヒソ
ヒソ
福井さんの力になってあげたいんだけど年上の人にはどう指導すればいいのか分からなくて…
仕方がないわね～
サッ
ポン
はい！
何これ？

第9話

年長者へコーチングする際のポイントよそれを見れば福井さんにもアドバイスできるでしょ♪
ありがとう!ハニー
何をブツブツ言っているの?
な…何でもないわよ
年上の人にあまりに基本的なことを言うのも失礼だよねぇ
え〜っと…
①相手の経験を認める
②感情的にならず率直に伝える
③Ｉメッセージを活用する
ふむふむよし!
年上だからって何も言わずに放っておくの?
だって一生懸命やっているのに年下に注意されたらプライドが傷つくと思って…

なるほど
小松さんを傷つけちゃ
いけないと思っているんだ
確かにズバッとは
言いにくいよね…
渉外課のみんなは
どう思っているんだろう?
雰囲気悪くなっちゃって
みんな小松さんと
距離を置き始めているよ
そうなんだぁ…
もし福井さんが
小松さんの立場だったら
それってどんな気持ちかな?
う～ん
ハッキリ
言われないと
何だか寂しいかも…
自分では
どう思うの?
そうだなぁ…
やっぱり
きちんと伝えよう!
そうそう
変えてほしければ
率直に伝えないと
でも…
どう言えば
いいのかな?

第９話

そうねぇ
直してほしいことだけ
「私はこう思う」って
言ってみたら？
それなら小松さんも
あまり非難されている
気がしないと思うよ
なるほど〜
イイ感じ！
Iメッセージの
活用ね！
それから…
これが1番大事だと
思うんだけど
小松さんの
いままでの経験を
否定せずに認めて
あげたらどうかな？
そうだね！
やってみるよ
どうだった？
グッド
3つのポイントを
しっかりアドバイス
できていたわ
翌日／渉外課
小松さん
私 お客様のことは
「社長さん」ではなくて
「○○様」と
呼んだほうが
いいと思うんです
宛名も
ビジネスの場面では
「代表取締役社長
○○様」ですから

本当ですか？
前の職場では フレンドリーなほうが お客様に喜ばれたので… 知りませんでした
お客様に 喜んでもらいたいという 心がけはすばらしいですよ
ただ 銀行はお客様の大切な お金を扱っていますから ビジネスマナーは きちんと守らないと
確かにそうですね… 申し訳ありません
小松さんはこれまで 親しみやすい営業で 良い成績を上げて こられたんですね
ええ 以前はこれでうまく いっていたので 正しいのだと 思っていました
小松さんが これまでの経験を 活かしてくださると 私たちにも 刺激になります
基本マナーを もう1度確認して 頑張ってください
はい 分かりました！

第９話

解説

●伝えなければ是正されない

雇用形態や人事制度の変化を受け、年長者を指導育成しなければならないケースも多くなってきました。様々なバックグラウンドを持つ年長者が増え、その対応に苦慮することもあるでしょう。

特に、基本的なことが身に付いていないというケースは、「新人なら注意できるのに、年長者だと言い出しにくい」と、周囲が何も言わずそのままにしていることが多いようです。

今回のマンガのように、周囲が黙ってカバーしていることもあるのではないでしょうか。その状況が続くと周囲のストレスが増し、本人と同僚の関係や職場の雰囲気にも影響してきます。

相手が知らないことなら、伝えない限りずっと是正されることはありません。変えてもらう必要があれば、きちんと伝える必要があります。

●経験を否定してはいけない

大切なのが、その伝え方です。まず、相手に対し「経験を尊重して敬意を払う」ことを忘れてはいけません。年長者には、若年者にはない人生経験があります。現在の行動はそれまでの経験から生まれているものですし、銀行ではダメでも他業態では問題なかったかもしれません。ですから、それまでの経験を否定することは慎まなければならないのです。

次に、感情的にならず率直に伝えます。「こんなことも知らないのか」という気持ちでは、それが相手に伝わってしまい素直に受け入れてもらえなくなります。相手に対する「×印」は外し、ニュートラルな気持ちでシンプルに伝えることを意識しましょう。

最後に表現の仕方ですが、「あなたは間違っている」という「YOUメッセージ」では相手が感情的になってしまう可能性があります。「Iメッセージ」で伝えることが負担が少なく、相手も受け取りやすくなるでしょう。

第10話

業務に興味を示さない部下

フィードバックでやる気を引き出そう

第10話

その日の業後
今日は悪かったね
福井さんも苦労しているみたいね…
綾小路って前の部署でもそうだったらしいけど大学院で金融工学なんか勉強してきたせいかプライドばかり高くて…
外回りにも全然身が入っていないんだ
この前も…
せっかく来てもらったのにゴメンなさいね
いえいえお忙しいところお邪魔いたしました
ムス
お客様のところでもあの態度でね…どうも商品開発のような専門的な仕事をしたいらしくて渉外の仕事をバカにしているみたいなんだ
そういうのって許せないわ!

2人とも
ちょっと
冷静に
なりなさいよ
ボワーン
わぁーっ!
グビ
何よハニー!
福井さんが
ビックリ
するじゃない
だって福井さんにも
コーチングを
教える必要が
ありそうなんだもの
…?
ハニー!?
そう
「コーチングハニー」
実は私
いつもハニーに
コーチングを
教えてもらっているの
え～
そうだったんだぁ
私は2人にしか
見えていないわよ

ところで…
2人とも
綾小路君のことを
ダメな人だって
×印を付けて
見ていない？
確かに　自分たちの仕事を
見下されているみたいで
つい…
綾小路君の態度に
問題がないとはいえないけれど
そうやって×印を付けていたら
相手もそれを感じて
どんどん心を閉ざしちゃうわよ
しゅん
松下幸之助さんは
部下のことを
何て言ったか知ってる？
たしか…
ダイヤモンドの
原石？
それよそれ！

もっと綾小路君の優れた部分に目を向けるべきね 彼に期待していることはないの?
そうだなぁ… お客様に金融環境について聞かれても僕はうまく答えられないから綾小路に説明してもらえたら助かるよ
私は… デリバティブ商品の説明に苦労するテラーが多いから分かりやすく仕組みを教えてあげてほしいわ
な〜んだ 2人とも綾小路君の知識や能力は認めているじゃない!
確かにそうね
それを綾小路君にフィードバックしたらどう?
フィードバック?
そう 相手に対して感じていることを伝えるのがフィードバックよ
綾小路君だって自分の得意分野を渉外活動に生かすことができればやる気を出してくれると思うわ♪
ボワ〜ン

翌日
なぁ 綾小路君は将来どんな仕事がしたいんだっけ？
商品開発です！ 僕の専門知識とスキルを生かせばいろいろなことができると思うんですよね
そうか〜 いつか希望の部署に行けるといいね
君だったらできるよ！
ボワ〜ン
僕は綾小路君の知識や能力はすごく高いと思うんだ
え… 本当ですか？
そんな風に思ってくれているなんて知りませんでした
グッ
ほら！ 綾小路君も心を開いてきた

希望の仕事とは違うかもしれないけど君の知識は今の業務にも生かせるんじゃないかな？
渉外活動にですか？
そう金融商品の仕組みに詳しい君なら金融環境の変化が投資信託などの商品に与える影響をお客様にも分かりやすく伝えられるだろう？
それからデリバティブ商品の仕組みをテラーたちに教えてあげたら喜ばれると思うよ
僕でよければいつでも教えますよ
ええそういうことなら自信があります！
これから訪ねるお客様もデリバティブ商品に興味があるらしいから詳しく説明してあげてくれないかな？
はい分かりました！

第10話

お客様宅にて
いろいろな銀行の人が来たけど君の説明が一番分かりやすかったよ君に資産運用は頼むことにしよう！
ありがとうございます！

解説

●相手の優れている面を認める

若手行職員の退職理由に、「業務が自分の能力に合っていない」というものがあります。ほかにやりたい業務があると、与えられた業務がつまらないものと感じられるのかもしれません。

このような場合、上司や先輩に「仕事をバカにするな」「地道な業務ができないなら何をやってもダメだ」などと、相手を否定しようとする態度が時々見られますが、それでは若手行職員は抵抗感が強くなり、ますます心を閉ざしてしまうでしょう。

綾小路君のようなタイプは、「プライドが高い」と周囲から反感を買うことが多いと思われますが、大切なのは相手の考え方や優れている面を認めることです。相手に問題があっても、ダメな人だと「×印」を付けてはいけません。松下幸之助さんの「人間は磨けば輝くダイヤモンドの原石」という考え方に倣い、×印を外していきたいものです。

●心を開いて本音を伝えよう

相手に対して感じていること等を伝えるのが「フィードバック」です。作者は長年、一対一のコーチングをしています。行動変革が見られた人に、「コーチングの何がキッカケでしたか?」と尋ねると、「（作者の）最後の感想です」という言葉がよく返ってきます。感じたことを伝えているだけなのですが、それが心に響き、変わってみようと思うようです。

心から出た言葉は大変重く、威力のあるものです。やり方は、気持ちを「私は…と思う」というIメッセージで伝えればよいのですが、背景に「相手の考え方を変えよう」という意図があると効果を発揮しません。心を開いて本音を伝えるからこそ相手が動くのです。

福井さんも、綾小路君の強みを理解し、それを伝えたことで綾小路君の心が動き始めました。このようにいかなる相手とも心と心のつながりが大切なのです。

第11話

上位者へのコーチング

質問と承認で気付きを促そう

中島さん
来週土曜日の
勉強会なんですけど
課長は自主参加って
言っていましたが
やっぱり出ないと
マズイでしょうか？
私は英会話のスクールが
あるから参加できないの
自主参加なんだから
用事があるなら
出なくても平気だよ
そうですよね～
近代銀行
翌週の土曜日
中島さんと
大塚さんは
どうした？
今日は用事が
あって
不参加だそうですよ

第11話

ブツブツ
何っ!?
いくら自主参加といっても
業務の一環なのだから
参加するべきだろう
最近の若い者は
銀行員としての自覚がないな
1週間後・副支店長の送迎会
そろそろ時間ですので
始めましょう
みなさんグラスは
ありますか?
坂田副支店長
お疲れ様でした!
お疲れ様でしたー
8時だから
そろそろ…
すみません
今日は用事があるので
お先に失礼します
何だと!?
また
自分たちの
都合か…

申し訳ありません
彼女たちも忙しいでしょうから…
今の若手は
自分勝手で協調性もない
君たちもそう思うだろう?
いや
まぁ…
翌日
昨日は何だ
副支店長に
失礼だろう!
用事があったので
仕方なく…
チラ
チラ
私も
予定がありましたが
失礼かと思ったので
欠席は
しませんでした
来ればいいってものじゃない!
世話になった上司の送迎会だぞ
個人的な用事に優先させるのが
常識というものだ
分かったか!
…はい

第11話

またお悩みのご様子ね？
ボワ～ン
あぁハニー いいところに来てくれたわ
見ていたわよ 課長と若手が衝突しているみたいね？
そうなのよ 中島さんたち 前は行事にも積極的に参加していたんだけど 課長が「今の若い者はダメ」とばかり言うので 最近はそれに反発しているところもあるみたいなのよ
何が問題なんだろう？
課長は一方的に若手を非難するばかりなんだけど あれでは何も解決しないと思うの 部下が休日に出てきても「当然」という態度だし…
高知さんはどうしたいのかな？
課長の世代のような「仕事100％」という考え方は今の若手には通用しないわ 少しは若い世代を理解しようと努力してほしいのよ でもそれを私が課長に指示するわけにはいかないから困っているの

そう「指示」はダメだよね他に方法はない？
やっぱり「質問」かな？
そのとおり！それから…上位者には特に否定的だと思われないように相手の意見を肯定する「承認」も必要ねどちらも基本的なことだけど課長自身に考えてもらうのが大切なのよ♪
ＯＫやってみるわ！
その日の業後
ペコ
最近の若手は本当に自分勝手だと思わないか？勉強会には出ないわ送迎会は途中で帰るわ
え～っと…質問と承認よね…まずは質問！
どうしてあんな行動を取るんでしょうか？
そんなの決まっているだろう自分のことばかりで周りのことを考えないんだそれが今の若いヤツだよ

第11話

それから
承認ね…
ええ
今の若者って
確かに
自分中心かも
しれませんね
課長が入行したころは
どうでした?
銀行の行事には
率先して参加したよ
先輩に言われて
花見の場所取りなんかも
したなぁ
ただ…
犠牲にしたことも
多かった
税理士の資格が欲しくて
働きながら勉強しようと
思っていたのに
仕事や行事で忙しくて
ダメだったんだよ
昔は今よりも
たくさん行事が
ありましたものね
課長は
税理士を目指されて
いたんですか?
あぁ　でも
いつの間にか銀行で
働き続けさえすれば
それでいいと
思えてきたんだ
はい
分かります
就職したら定年まで
働くと思うのが
当たり前でしたから
しかし…
今は厳しい時代になったから
銀行の仕事だけしていれば
いいというわけには
いかないんだろうな
そうですね
中島さんたちも
何か勉強しているのかも
しれませんよ?

そういえば…
彼女は休憩時間にいつも英語の本を熱心に読んでいた気がするな…
English
用事があるって言うのはもしかして英会話のスクールじゃないですか!?
ふ～む…
数日後・町内のお祭り
お疲れさま 高知さんと話した後少し考えたんだが… プライベートな時間にも仕事を優先させるのが「当然」というのは古い考えだったな 私も昔はそんな上司に反発していたのを思い出したよ
実は… 私も彼女達とは世代の違いを感じたことがあるんです
高知さんにもそんなことがあったのか? 私もこれからはもっと若手の気持ちを考えるようにするよ

近代
2人とも休日なのに用事をやり繰りして出てきてくれてありがとう
またハニーと一緒に何かやったんだろう?
ふふ♡

解説

●上位者→下位者に限定されない

コーチングは、上司や先輩が、部下や後輩の育成・マネジメントを行うのに大変効果的ですが、ティーチングのように「教える」「指導する」だけではありません。相手の潜在意識にあるものを引き出し、相手が望む方向に進むことを支援するものです。ですから、「上位者から下位者」に限定されるものではありません。

今回は、若手に自分の価値観を押し付けている寺野課長の行動変容を促す——というストーリーです。課長が社会人になったころと現在では、職場環境は大きく異なっています。人の価値観も変わり、課長が「仕事中心で物事を判断すべき」という考えを押し付けたとしても、若手が考えを変えることは困難です。かえって反発を招く可能性もあります。解決の方法は、お互いが違いを理解し認め合ったうえで話し合うことです。

●肯定的に反応し承認を続ける

高知さんは課長の指導方法の欠点に気付いています。しかし、下位者がそれを提言しても上位者に受け入れられる可能性は低いでしょう。この場合、課長自身に気付いてもらうしかありません。

ここで活用できるのが「質問」と「承認」です。課長の考え方を認めながら質問し、いろいろな視点で物事を考えてもらうのです。ただし、対上位者の場合、相手を変えようとする誘導尋問になってしまうと、相手に抵抗感が芽生えてしまいます。したがって、たくさん話してもらえるような質問をするとよいでしょう。そして、肯定的に反応することによって承認を続けます。「話を聞きたい」「気持ちを理解したい」というスタンスを持ち続けることが大切です。

役職の上下に関係なく、お互いを認め合うことは重要で、自分で考えさせて話をさせることには大きな効果があります。コーチングはどんな相手にも活用できるのです。

第12話 数字が上がらない部下

相手の味方になって声かけをしよう

近代銀行
今期は全然売れていないぞ
支店長からも預かり資産が伸びていないと指摘されているみんなもっと数字を意識して営業するように
特に大塚さんは獲得額が少ないな…もっと頑張れよ
しっかりね！
は…はい

第12話

またお待ちしています
どうだ獲得できたか？
あの…今日はご案内をしただけです
あんなに長く話していたのに…世間話ばかりしていても契約は取れないぞ
ポン
……
このままじゃ今月も目標に未達だなぁ…
これからもまめに声をかけましょう
お疲れさま今日の数字はどうだった？
すみません取れませんでした

数日後
カチャ
あっ大塚さん どうかしたの？
課長に また注意されて…
あれ たしか昨日は 1件取れて いたよね？
そのことは何も… ただ未達のことばかり 責められました
ちょっと 日誌見せて ごらん
未達。目標数字を認識し積極的なセールスを望みます。
せっかく 獲得できたのに 未達の数字の ことしか 書かれていない… これで いいのかしら？
えっと… 頑張ろうね
はい
トボ トボ
困ったものね… チクチク言えば 大塚さんが 成長するとでも 思っているのかしら
ボワ〜ン

第12話

びっくりした！
何よハニー？
高知さんも
寺野課長も
大塚さんを
育てることを
考えているの？
できないことばかり
チェックされたら
大塚さんはどんな
気持ちになると思う？
え～と…
ちゃんと
考えてみなさい！
ボワ～ン
翌日
お疲れさま
大塚さんの数字は
どうかな？
実はそのこと
なんですが…
私たち大塚さんの
未達の数字ばかりに
目が向いている
気がするんです
そうか？
でも放っておくわけにも
いかないだろう
ええ
気にかけて
もらっているのは
大塚さんも
ありがたく
感じていると
思います

ただ…声をかけるときに
できていないことばかり
言ってしまうので
大塚さんは責められていると感じて
萎縮してしまっているように
見えるんです
責めている？
う～ん
そう言われると…
自分たちの
間違いに
気付いてきたみたい
もう一息ね！
ちょっと手を
貸そうかな♪
ハニー
マジック！
高知さん
定期取れた？
調子よさそうだね
どうも
まだ
取れないの？
すみません
よくできたな！
ありがとう
ございます
もっと
数字を
上げてね！
シュン
…
一緒に頑張ろう
はい！

ハッ
数字のことばかり先輩に責められると…がっかりしましたよねぇ
いつでも味方になって私を育てようと応援してくれた先輩に声をかけられると調子が出ないときでもやる気が出たものだよ
大塚さんへの声のかけ方はマズかったなぁ…
ありがとうございました
大塚さんいまのお客様はどんな状況？
申し訳ありませんまだ契約してもらっていません
そうなんだどんな話をしたの？
最近お子様が私立大学に進学されたそうです今回はご事情をお伺いしながら商品をいくつかご提案しましたが少し考えてみるとおっしゃっていました

うんよく聞けているわ 私立大学だとしばらく 多額のお金がかかるから… 老後資金について 少額からの積立を アドバイスできれば 契約にもつながるはずよ
は…はい!
グッド
そうそう できないことを 責めるんじゃなくて 相手を応援する気持ちで 声をかけないと
調子よさそうだな 頑張れよ!
適切な提案ができるようになってきました。
○○様には外債型ファンドのご案内もしておくとよいでしょう。
何かできることがあったら言ってください。

解説

●責めては相手を萎縮させる

部下や後輩にまめに声をかけ、コミュニケーションを取ろうと心がける人が増えています。それ自体は大変好ましいことです。

しかし今回のケースのように、声かけが逆にプレッシャーになることもあります。寺野課長や高知さんは、数字の上がらない大塚さんに声をかけていますが、その内容に問題があります。「獲得できたのか」ではコミュニケーションというより、できていない部分を責めているようです。たとえ上司がそんな気持ちではないとしても、未達の数字について聞かれれば、部下は「責められている」と感じてしまうことでしょう。

これで相手がやる気になるでしょうか？ 答えはNOです。そんな声かけが頻繁であればあるほど、部下は「チェックされている」という窮屈な気持ちが強まります。「数字が上がらないと責められる」と思うと萎縮してしまいのびのびと仕事はできません。

テラーには、創意工夫をする創造性や、人としての魅力など、お客様に対するアピールポイントが求められます。しかしこのように萎縮した状況では、本来持っている力の発揮は難しく、やる気も失われかねません。

●結果だけでなくプロセスも重視

声をかける目的は、今以上にやる気を出して能力を発揮してもらうことですから、声かけの際にはあくまでも味方として行い、動機づけとしなければなりません。

そのためには、上司自身が数字ばかりを気にして部下に「売らせよう」と思うのではなく、味方になって「一緒に頑張ろう」という気持ちであることが大切です。

物事がうまくいっていない部下に対しては、「何が起こっているのか」「障害はないのか」等のように、コーチングの原則である「伴走者」として、結果だけでなくプロセスに関わっていく声かけが求められるのです。

第13話 やる気のないパート職員

思い込みにとらわれず相手を尊重しよう

ある朝の近代銀行
高知さん パートの平泉さんのことなんですけど やる気を出してくれなくて困っているんですよ
え… 何かあったの？
預かり資産をセールスできそうなお客様が平泉さんのカウンターに来たら私たちに一声かけてほしいのに… 全然やってくれないんです
それは前から頼んでいるし 平泉さんは当行のOGだから よく分かっているはずだけどなぁ…
昨日も300万円の定期預金が満期になったお客様がいて 使い途のないお金だとおっしゃったのに そのまま全額定期に書き替えちゃったんです つないでくれたら他の商品もご案内できたのに…
そうだったの… パートで入った当初はよくやってくれたのにね
分かった！ 私から話してみるよ

第13話

お疲れ様です
平泉さん
窓口で特に問題はありませんか？
毎日忙しいですけど大丈夫です
平泉さんがテキパキとお客様を受けてくださるのでみんな助かっていますよ
ところで…
前にもお話ししたんですけど預かり資産をお勧めできそうなお客様は中島さんや大塚さんにつないでいただきたいんです――
最近そういうお客様は窓口に来ませんか？
あまり来ないんじゃないですか？
事務処理が忙しくて気付きませんね
平泉さんほどのベテランの方がそんなこと言うなんて…
パートさんとはいえもう少し頑張っていただかないと困るんです
当店の預かり資産の実績が落ちているのはご存知ですよね？
採用されるとき営業はしなくていいという約束だったはずです
パートなのに業務外のことまでやらないといけないんですか？
それともセールスの手助けをすると時給を上げてもらえるんですか？

確かにあなたは パートですから セールスは 業務外ですが 可能性のあるお客様を 営業担当者に つなぐのは 問題ないと本部にも 確認してあります よろしく お願いしますね！
……
あちょっと…
あ～あ 平泉さん よけいやる気 なくしちゃったね
ボワーン
ハニーまた見ていたの？ 「パートだから」とか 「時給が安いから」 なんて理由で 仕事しないのって 困るわよね
プンプン
ふ～ん「パート」や 「時給」を理由にして やる気を出さないのは あなたの価値観に 合わないんだ
ええ そういう姿勢って 嫌いなのよ
でもちょっと待って 平泉さんの本音も そうだと思う？
どういうこと？

「パートだから業務外のことはしない」っていうのは建前で本音は違うところにあるかもよ? 以前は精力的に何でもこなしてくれていたでしょ
やりたくない理由が他にあるってこと?
高知さんは「平泉さんはパートで時給が低いからやる気がない」と決めつけているようだけど働くことの報酬ってお金だけじゃないと思うけど…
お金以外の報酬?
例えば…お客様に「あなたに頼んでよかった」って喜ばれたり上司に「いい仕事したね」ってほめられたりしたらやる気が出てこない?
それもそうね…
平泉さんともう1度話してみなさいよ
ボワーン

翌日
会議室
平泉さん以前は営業担当者によく声をかけてくださったでしょ？そのときはどういう気持ちだったんですか？
退職した私をもう1度雇ってくれたことがありがたくてできるだけのことはやろうと思って頑張っていたんですでも…
どうかしたんですか？
やりがいがなくなっちゃったんですよ私がいくら一生懸命やっても「よくやった」と評価されるのは中島さんや大塚さんで…私の仕事に注目してくれる人はだれもいないんですいつも「私がキッカケを作ったのに」と思っていました
ドキッ
周りから声をかけられるのは事務的な指示ばかり…パートってこういう扱いをされるんだって分かってから頑張るのをやめたんです
そういえば…私も結果だけを気にしていてそのプロセスやキッカケに全然目を向けていなかったわ…

そうですよね
平泉さんが声をかけてくださったから成約したお客様も多いのに
つい成約したことばかりに目が向いてしまって…
すみません
いえ…
私も契約のチャンスを逃すようなことをして大人げなかったです
中島さんや大塚さんも結果ばかりに気を取られて感謝を忘れていましたね
本当に申し訳ありません
そんな…
高知さんに謝っていただかなくても
2週間後
近代銀
大塚さん
このお客様
まとまったお金があるのに
ずっと普通預金に入れたままよ
声をかけてみたらどうかしら?
本当ですね!
アプローチしてみます

101
128
またお待ちしています
平泉さん！
いまのお客様
投資信託だけでなく
個人年金保険にも
興味があるそうで
来週契約手続きに
来てくれるそうです
ありがとうございました！
さすがですね
平泉さん
投資信託だけじゃなくて
保険も考えて
くださったんですか？
よかった～
これからも
頑張ります！
ほらね？
ちゃんと相手を尊重して
感謝したり能力を
認めたりするのって
お金には代えられない
報酬になるのよ♪

第13話

最近の平泉さん…私たちにお客様をつないでくれるだけじゃなくクレジット機能付きのカードもどんどんセールスしてくれて圧倒されちゃいます
ありがとうございました！
いらっしゃいませ！
あらあら私たちも頑張らないと…

解説

●損得勘定がすべてではない

窓口業務を担当するパート職員が増えていますが、営業ではなく振込などの受付を担当する人が多いようです。

ただし、営業推進につながる情報の収集・伝達は、パート職員にも期待したいというのが現場の本音です。しかし、パート職員の中には「セールスをやりたくない」と思っている人もいます。

一方で、正社員からは「パートの時給を考えるとプラスアルファの業務を依頼しにくい」という声もあります。

しかし、人は損得勘定だけで動くわけではありません。自分が他人や組織のために役立つことは嬉しいものです。直接、報酬にはつながらなくても、プラスアルファの仕事をしたいと思う人もいるのではないでしょうか。

この気持ちを理解せず、正社員が「パートは時給の範囲でしか仕事をしない」「パートは頼まれても時給を盾にして働かない」などと、一方的に思い込んでしまうのは問題です。

●相手を尊重し感謝を伝える

大切なのは、相手に対する「尊重」です。「声をかけるべき」という「べき論」や「指示命令」ではなく、「〜してくれると嬉しい」というスタンスを前提に、パート職員がプラスアルファの業務をしてくれた際は、感謝の気持ちを伝えたり、能力を認めることを忘れてはいけません。

また、結果が良いとついクロージングをした人に注目しがちですが、プロセスに関わった人も大切にしましょう。

これらを怠ると、やりがいを失い「時給範囲の仕事」しかしないパート職員を作り上げてしまうのです。

もちろん、パート職員も働きが認められると昇給や正社員に登用されるといった仕組みが一層普及することが望ましいのは、いうまでもありません。

第14話

仕事をしない上司

内発的動機づけによりアプローチしよう

近代銀行
今日から営業課で一緒に働くことになった田辺係長だ
融資担当が長く窓口営業は不慣れですが皆さんよろしく
知ってた？田辺係長って寺野課長の先輩なんだって
ヒ
ヒ
そうなんだぁ…

第14話

田辺係長
先週個人年金保険の契約をした
お客様のことなんですが…
個人年金?
預かり資産のことは
よく分からないなぁ…
ちょっと高知さん
大塚さんの話を聞いてあげて
え…?
はぁ
数日後
何かあったのかしら?
コツ
コツ
きみに勧められたから
買ったのに大損だ!
上の者と話をさせてくれ
申し訳ありません
少々お待ちください
どうしよう…
係長は——
キョロ
キョロ
中島さん
田辺係長じゃなくて
寺野課長に
相談したほうが
いいわよ

田辺係長 ○×投信の基準価額が かなり下がっていますが…
僕には どうしたらいいか 分からないから 高知さんに任せるよ
そんな…
田辺係長のことなんですが… 預かり資産のことを 全然理解してくれないんですよ
田辺さんは 本部が長かったから 商品やシステムが 変わってしまって 戸惑っているんだろう
だからって私たちに 仕事を丸投げされても 困るんです 課長から注意して いただけないでしょうか?
う〜ん…
田辺さんは私が初めて 配属された店で 3年先輩だったから ちょっと 言いにくいんだよね… 皆に負担が かからないように 私がフォローするよ
はぁ…

第14話

田辺係長ちょっとお話があります
話って何かな？
役席なんですからしっかり仕事をしていただきたいんですよ！「分からない」と言って何でも私たちに任せないでください！
でも…私は10年以上本部にいただろうその間に新商品がどんどん出てきてよく分からないんだ今から勉強しても間に合わないしね
それでは困ります係長として任命されているのだから責任を持ってください！
無理なものは無理なんだ仕方ないだろう文句があるなら営業店に配属した人事に言ってくれよ！
いやその…
ハニーマジック時間よ止まれ！

高知さんマズイな～
そんな言い方をしたら
田辺係長は
ますます意固地に
なっちゃうわよ
驚かさないでよハニー
確かに言いすぎたけど…
係長としてそれなりの
お給料をもらっているのに
仕事してくれないのは
困るでしょ？
その気持ちは分かるよ
でもね…もし高知さんが
田辺係長だったら
どう思うかな？
う～ん
分からない仕事を
急にやらなきゃならなくて
不安だったり
後輩の寺野課長の部下として
働くことへの不満もあるかなぁ
自分の存在意義に
疑問が生じるかもしれない…
そう
上司だって人間だから
いろいろな思いが
あるわよね
そんなとき
部下のあなたに
高圧的に
アプローチされたら
どうかな？

第14話

ますます仕事が嫌になるかも…
そうね部下から「しっかり仕事してください」なんて言われたらプライドもズタズタよ どうすればよかったと思う？
上司でもこれまでのコーチングの考え方と同じなのよね
えっと…「やらされる」というのは嫌だろうから自分からやりたい気持ちになってもらえればいいのかな
そのとおり！「内発的動機づけ」といって自分からやりたいという気持ちを持ってもらう方法を考えるのよ
押しつけではダメだから相談を持ちかけたり…お客様のお宅への訪問に同行してもらったりするのはどうかな？
うん いいかもやってみたら♪
ハニーマジック時間よ戻れ！
話って何かな？
あの…営業課で預かり資産のアフターフォローの勉強会をしたいんですが内容についてご相談したいんです

預かり資産？
高知さんが思うようにやっていいよ
僕は経験ないから
いえ田辺係長は融資のベテランだと聞いたので…いろいろなお客様と折衝されてきた経験からアドバイスをいただきたいんです
僕の経験が役に立つのかなぁ
グッド
来週定期預金が満期になるお客様のお宅に中島さんが訪問するんですが彼女だけだと力不足かと思うので同行をお願いできますか？
僕が行ってもお役に立てることはないと思いますが…
ご自宅で事業をされているお客様なのでもしかしたら事業資金に関するご相談があるかもしれません私は融資のことは不得手ですのでよろしくお願いします
そういうことなら役に立てるかもしれませんね分かりました一緒に訪問してみます

解説

●やる気を行動に結びつける

やる気を出させて行動に結びつける「動機づけ」には、「外発的動機づけ」と「内発的動機づけ」があります。前者は指示命令や規則などによって行動させる、つまりやらせることです。一方、後者は自ら「やろう」という気持ちが起こるように働きかけ、行動に結びつけることです。継続的な行動につながるやる気を引き出すためには、内発的動機づけが必要とされています。

「コーチングで上司の考え方や行動を変えたいのですが、どうしたらよいでしょうか?」という相談をしばしば受けます。しかし、交流分析の提唱者エリック・バーン博士の言葉にもあるように「他人と過去は変えられない」のが実情です。他人が変わる可能性は、相手自身に「その気」になってもらうことしかありません。特に上位者にはそれなりの自尊心がありますので、内発的動機づけで上司の行動を促してみましょう。

●仕事の喜びを感じてもらう

田辺係長はやる気がない「ダメ上司」に見えますが、ダメ上司であり続けたいはずはなく、自分の存在意義を感じたいはずです。

そこで高知さんが試みたのが、田辺係長が自分の存在意義や仕事の喜びを感じられるような成功体験を積んでもらうことです。田辺係長に対する×印を外し、「田辺係長が持っているリソース（資源。今回は顧客との折衝経験や事業資金についての知識）は役に立つ」というアプローチで存在意義を感じてもらうように仕向けています。その結果、田辺係長に「知らない分野についても学んでやってみよう」という意欲が生まれたわけです。

上司には役割遂行の義務がありますが、上司も人間です。「相手を尊重して関わる」というコーチングマインドを持ち、内発的動機づけで上手に巻き込んでいきたいものです。

第15話
壁にぶつかっている部下
ネガティブな感情を受け止めよう

近代銀行
悪いけど
今日は時間ないのよ
それでは来週
お待ちしております!
ありがとうございました
大塚さん
元気ないわね…

第15話

最近預かり資産の声かけをしても全然聞いてもらえないんです
そんなことないわよ！今は少し不調なだけで前みたいにやれば大丈夫だよ！
高知さん お話があるんですが…
何かな？
経済の状況が悪くなってからセールスがうまくいかなくて
中島さんはどんどん実績を上げているのに…
そっか～ それを悩んでいるんだ 大塚さん大丈夫よ！
私もそういうときがあったよ でもくじけずにいろいろ当たってみるの そうすると必ず成約できるお客様に出会うから！
うん
はい…

今日はお客様に 春のキャンペーンの ご案内をします なるべく多くのお客様に 来店していただきましょう
そうですか… 失礼しました
ではすぐに資料を お送りしますので… ありがとうございます！ お待ちしております
はぁ…
中島さん 大塚さんの調子 どうかな？
元気ないんですよ 私も励ましているんですが…
そっか 困ったなぁ

第15話

その日の夜
後輩の指導方法
ボワ〜ン
大塚さん壁にぶつかっているみたいね？
そうなのハニー みんな彼女のことを心配しているし元気づけているんだけど全然ダメなのよ
どうしてだと思う？
う〜ん…
大塚さんは今何をやってもうまくいかない状況よね だから八方ふさがりで真っ暗な気持ちなの そんなときは周りの人にどうしてほしいかしら？
うん
うん
あっ…

とりあえず話を聞いてもらいたいかも…
でも大塚さんは何も話さないのよ
何も話さない？話せないんじゃないの？大塚さんが話しかけてきたとき「大丈夫」とか「そんなことない」って言わなかった？
ハッ
そういえば肯定的に受け止めるように気をつけているつもりだったけど…大塚さんの暗い気持ちは受け止めていなかったわ
「うまくいかない」「自分はダメなんだ」そんなネガティブな発言を受け止めてあげないとそこから先の話はできないわよ
でもねぇ…ネガティブなことってそのまま受け止めるのはちょっと怖いのよ
どうして？
ネガティブな感情を受け止めるともっと落ち込ませてしまいそうなんだもの…

第15話

その気持ちは分かるわ でも もしそのまま 落ち込んでしまっても 気持ちを共感するという状況が 大塚さんの力を引き出すはずよ♪
ボワ〜ン
あらら… もうこんな時間 まあ明日 やってみようよ!
翌日
チチチ…
大塚さん 調子はどうかな?
良くないです 中島さんは電話のご案内も うまくいっているのに…
そうか 調子悪いんだ… どんなところが うまくいっていないのかな?
こんな経済状況なので お客様は投資に 興味がないと思って 声をかける前から ビクビクしちゃうんです それで全然話を聞いて もらえなくて… 私もうダメなんです
どうしよう どんどん ネガティブに…

そ…そうなんだ　ビクビクしているんだ　それは辛いよね…
でも　この前まではうまく　できていたんです
ほら　受け止めて　あげることで　大塚さんも　話せるように　なってきたわ
そうだね　前はどんな気持ち　だったのかな？
お客様が　喜んでくださるので　自信を持って　セールスしていました
よく分かるよ　セールスする側に自信がないと　その気持ちがお客様に伝わって　不安に思われたりするよ
確かにそうかもしれません　怖がらないで　やってみることが大切ですね
うん　やってみようよ　私が何か役に　立てることはあるかな？

第15話

あの…
こういうときに
お客様に喜ばれる情報を
教えてほしいんです
データを持ってくるので
相談に乗って
もらえますか？
もちろん！
待ってるね
ありがとうございます！

解説

●まず落ち込んでいる理由を把握

後輩を励ましているけど効き目がない──後輩を育てたいという前向きな先輩からよく聞かれる言葉です。しかし「何とかしてあげたい」という先輩の気持ちが、空回りしてしまっているようです。

原因の1つは、後輩が落ち込んでいる理由を把握していないことにあります。先輩は「後輩が悩みを話してくれない」と言いますが、高知さんのように「話させていない」のかもしれません。

ミスをしたり仕事がうまくいかず元気をなくしている後輩に対し、「大丈夫」「頑張って」などと励ましたり、ほめたりしていないでしょうか。確かに、先輩の応援は大きな元気づけになりますが、どんどん落ち込んでいる最中は、あまり効果がありません。

人は、自分で元気になろうという気持ちになっていないと、だれに何を言われても元気にはなれないものです。自分で自分の気持ちを整理し、肯定できるようになって初めて浮上できるのです。自分の気持ちを持ち上げるのは、自分自身であり他人ではないのです。

●肯定的な受け止めがポイント

効果的な励ましのタイミングは、本人が言いたいことを言い尽くし、原因が整理でき冷静になったとき、つまり落ちるところまで落ちて気持ちが上に向き始めたときです。先輩の役割は、後輩が事実を整理したり解決策を見つけるサポートをすることです。

必要なのは、後輩の話をよく聴くこと。まず肯定的に受け止めることがポイントです。ネガティブな発言を肯定することは少し怖いかもしれません。しかし、肯定してもらって初めて後輩は安心してその後を話せるのです。

肯定の仕方は、「私も同じように思っている」という同意ではなく、「そう思ってるんだ」「うまくいかないんだね」などと、後輩が考えていることを受け止めてあげるとよいでしょう。

第16話 すぐに泣く女性職員

心の扉が開いたときにしっかり向き合おう

ある日の午後
近代銀行
加藤さん 慣れない仕事で大変だろうけど 1つの作業に時間をかけすぎね あまりお客様をお待たせしてはダメよ!
はい… 気をつけます…
え… まさか泣いちゃったのかしら?

第16話

ねぇ加藤さん
オペミスを
見逃しているわよ
しっかり見直してね！
す…
すみません
ポロ
ポロ
でもすぐに
気がついたから
大丈夫よ
気にしないで
ねっ！
あの〜高知さん
加藤さんなんですけど…
すぐ泣いてしまうので
困っているんです
泣く？
厳しく言いすぎたんじゃない？
加藤さんはテラーとして
配属されたばかりだから
やさしく接したらどうかしら
そんな…
ちょっと注意した
だけなんです
でも泣かれると
まるで私が悪者に
なったみたいで…

そっか～
分かった
少し様子を
見てみるね
お願いします
通用口
お疲れ
高知さん
あっ
お疲れ様です
通用口
加藤さん
テラーとして
やっていけるかなぁ…
何か
あったんですか？
昨日
担当が変わって1ヵ月経つので
面接をしたんだけど…
そこで「お客様にはもっと
笑顔で応対したほうがいいぞ」
と言ったら
急に泣き出してしまってね

第16話

加藤さんには期待しているし頑張ってほしいから言ったんだけど泣かれてはねぇ…いじめているような気になりそれ以上何も言えなかったよ
そうだったんですか 実は中島さんからもすぐ泣くという話を聞いたので一度話してみようと思っていたところです
まったく女の涙にはかなわないからな 頼んだよ高知さん
じゃ
話してみるって言ったけど私も泣かれてしまったらどうしよう…
ボワ～ン
またお悩みね
あぁハニー いいところに… すぐ泣いてしまう部下にはどう対処すればよいのか悩んでいたのよ
確かに涙にはみんな弱いわね 高知さんは仕事中に泣いたことはあるかしら?
う～ん… 2年目くらいまでは時々あったわ

それってどんなときでどういう気持ちだった?
仕事でミスをして叱られたときだけど…上司の言い方が怖かったわけじゃなくてミスしたことが悔しかったからかなぁ
—あっ そうか！加藤さんもそうかもしれないわね自分に対する涙なのかも
そうそう注意されたことや相手に対する涙ではないってことね
ということは泣かれてもそこで引く必要はないんだ
もしかしたら口で話す代わりに泣くことで心の内を表現しているのかもしれないわよ
それって泣いているときは心が開いているってことね！
そう 心が開いたときこそ本音を聞き出すチャンスなんだから 加藤さんとしっかり向き合わなきゃ♪

第16話

その翌日
加藤さん
テラーになって
1ヵ月経ったけど
どうかな？
だんだん
慣れてきました
それは良かった
加藤さんが
仕事に慣れて
いないんじゃないかと
みんな心配していたの
先日もオペミスが
あったみたいだし…
べ…別に
責めているわけじゃ
ないんだけど…
シク
シク
ボワ～ン
ここで
引いちゃダメよ！
何で涙が
出ているのかな？
く…
悔しいんです

私は頑張っているつもりなのにし…失敗ばかりで…
そうだよね頑張っているのは分かるよどんな失敗が多いのかな？
グッド
そうそう涙を流したときこそきちんと向き合えば本音で話ができるはずよ
うっかりミスばかり…1つのことに気をつけるとほかのミスをしてしまうんです
そういうことってあるよね原因は何だろう？
慌てているんだと思います急がなきゃと思うとついパニックになってしまって…もっと落ち着けばいいんですよね
そうだよ落ち着いたらお客様にも笑顔で応対できるんじゃない？
そうですね話を聞いていただいたら何だかスッキリしました

第16話

1週間後
さすが高知さん 泣かせずに指導したのかい？

いえいえ 私も泣かれちゃいましたよ でも 泣いているときこそ しっかり向き合う チャンスなんです
うふ
ほほぅ～

解説

●理由は悔しさからがほとんど

指導者、特に男性の管理職は、女性の涙が苦手のようです。その理由は、いじめているような気になってしまうからだといいます。

多くの女性行職員に尋ねたところ、ほぼ全員が「仕事中に泣いたことがある」と答えますが、いじめられたと感じたケースはありませんでした。理由は「悔しさから」という人がほとんどです。

女性の脳の構造は男性と違います。右脳（感情脳）と左脳（論理脳）をつなぐ脳梁が女性のほうが太いため、両方の脳を活発に動かすことが可能です。仕事中、男性は左脳の活動が中心になりますが、女性は左脳も右脳も活発に働きます。つまり、女性は頭で考えつつも心で感じながら仕事をする傾向が強いということになります。ですから感情に左右され、ときには泣くこともあるわけです。

また、男性は泣くという行為を大変なこととらえがちなため、それを引き起こした自分は「ひどいことをした」と感じてしまうのではないでしょうか。しかし、女性にとって泣くという行為は特別なことではありません。ですから部下や後輩が泣き出しても、申し訳なく思う必要はないのです。

●涙は本音を引き出すチャンス

それよりもやらなければならないのは、チャンスを活かすことです。泣いているということは何らかの感情が表出している、つまり、心の扉が開いている状態です。部下や後輩の本音を引き出すチャンスではないでしょうか。

その際に活用するのが、オープンな質問です。「どうしたの？」「どうして泣いているの？」などと問いかけてみましょう。あるいは、「泣きたいなら泣いてもいいよ」という声をかけられるくらいドーンと構えていたいものです。

涙を流したときこそ、心を寄り添わせて、部下や後輩の気持ちを理解する良い機会ととらえましょう。

第17話

感情的に怒る女性職員

周囲への影響を見過ごさずに対処しよう

ある日の夕方
ビクッ
大塚さん伝票はここに置かないでって言ったでしょ！
すみません…
バシッ
なくなったらどうするの！

第17話

雰囲気が悪いなぁ…
ピリ
ピリ
翌日の朝
前にも同じことで注意したじゃない！
まったくもう！
チラ
チラ
あら おはよう加藤さん
お… おはようございます
……

その日の昼
お疲れ様
ねぇ 大塚さん 最近中島さんと 何かあったの？
いえ… 別に何もありません 私の仕事が遅かったり 伝票を置き忘れたので 怒られただけです…
え… それだけで あんなに 怒っていたの？
前にも同じことを 注意されたので 気をつけては いるんですが… 私がいけないんです
はぁ
お先に失礼します
大塚さん 元気ないね？
ボワ〜ン
あらハニー 理由はよく分からないけど 中島さんが怒りっぽくて… あの2人ケンカでも しているんじゃないかしら

第17話

ケンカねぇ…このままにしておいたら大塚さんが参っちゃうんじゃない?
でも…2人の個人的な問題じゃないの?感情的になっている人って苦手だし…しばらくすれば中島さんも落ち着くわよ
そうやって見過ごしてもいいの?大塚さんがミスをしたのは良くないけど怒鳴ったりするのはまずいでしょ
う〜ん…実は周りのみんなもピリピリして雰囲気が悪くなっている気がするのよね
そう!感情的になっている人がいると周囲の人や職場の雰囲気にも影響を及ぼすの
だから個人的な問題としてではなく職場の問題としてしっかり対処しなければいけないわ
個人の人間関係に入り込むのはどうかなって思っていたけどそういうわけじゃないのね!
分かったわ ハニー 中島さんと話してみる
しっかりね♪

お疲れ
中島さん
ポン
あ…
お疲れ様でした
ねぇ 中島さん
大塚さんとうまく
いっていないように
見えるけど
何かあったの？
だって大塚さん
新人でもないのに
ミスばかりで…
前にも注意したのに
同じミスを
繰り返すんですよ！
イライラ
そっか～
確かにミスが多いのは問題よね
ただ私が気になっているのは
中島さんの注意の仕方なのよ
ちょっと感情的になっているように
私には見えるんだけど…
ええ…
そうかもしれません
大塚さんがもっと
しっかりしてくれないと
新人の加藤さんにも
示しがつかないと思って
ついイライラしちゃうんです
そうなんだ…
でも大きな声を出すことで
大塚さんのミスは
減っているかなあ？
いえ…
それがなかなか
うまくいかなくて

第17話

そうだね
大塚さんは怖がって
ビクビクしているし
中島さんもイライラが募り
仕事に差し支えて
大変だと思う
それから…実は
他にも影響があるのよ
え…
何ですか?
何だと思う?
もしかして
周りの人ですか?
はっ
ええ
中島さんが感情的に
なっていることで
新人やパートさんまで
ピリピリしているし
営業店全体の雰囲気にも
影響しているの
そうそう
職場全体の
問題であることを
毅然とした態度で
伝えるのが
コツよ♪
グッド
私のイライラが
みんなにまで…
気づきませんでした
感情的にならないためには
どうしたらいいかな?
…

まず 私自身が気持ちを
落ち着かせるようにします
それから…
大塚さんと
話し合ってみます！
新人の見本として
頑張ってほしいので
うん それがいいね
私に何かできることはある？
あの…
明日 大塚さんと話すとき
落ち着いて話せるように
一緒にいてもらえますか？
いいわよ
ボワ～ン
翌朝
ホッ
おはようございます

第 17 話

みんなに笑顔が戻ったわ ありがとうハニー
やったね♪

解説

●個人的問題だと見過ごさない

「過度に感情的になる人が職場にいて困る」という話を聞きます。一般行職員のケースもあれば管理職のこともあり、特定の人が対象の場合もあれば、だれにでも当たり散らす場合もあります。

対象とされた本人は、大変辛い状況に置かれます。上司のパワハラはよく問題になりますが、先輩後輩でも同様です。金融機関では上下関係が比較的厳しく、後輩はじっと我慢することが多いのです。結果としてモチベーションが下がり、心身の健康を損なうこともあります。このまま放っておくと、大塚さんは中島さんの怒りを恐れて、何もできなくなります。

次に気をつけたいのが、周囲への影響です。個人的な人間関係の問題と見過ごしてはいけません。

学習理論という心理学上の考え方では、「人は反復的経験により行動に変化が生じる」とされています。

ある行動をすることにより肯定的な結果を得た人を見ると、周囲もそれを学習して同じ行動を取るようになります。逆に、何か行動をすることで否定的な結果を招いている状況を目にすると、見ている人も当事者と同じ行動を取るようになってしまうのです。

●周囲への影響を考え対処する

今回のケースでは、大塚さんが中島さんに怒られている状況が周囲にも影響しています。全員が常にピリピリして思うように仕事ができないことで、個人のパフォーマンスは下がってしまいます。

ですから、理不尽に人を怒ったりしている人をそのままにしておいてはいけません。先輩や上司が、その人の気持ちをヒアリングする必要があります。穏やかだった人が急に感情的になったとき、個人的なことに起因する場合もありますが、精神疾患を発症していることもあるからです。

様々な影響を考え、早めに手を打つことが必要です。

第18話

整理整頓が下手な部下

個性や内面に踏み込まず行動を注意しよう

あら？
平泉さんの
ロッカーが…
パタン
だらしないわねぇ
きゃっ！

第18話

これお願いします
あ はい
だ大丈夫ですか？
机の上はもう少しきれいにしたほうがいいですよ
ホントね！ 私 整理整頓が苦手なのよ 家もすごく散らかっているの 困ったものねー
アハハ
そ そうですか…
…
翌日
ありましたよ
良かった～ ありがとう

何かあったんですか？
伝票がなくなってしまって…でも大塚さんが見つけてくれたので大丈夫です
なくなったじゃなくてなくしたでしょ！
なんでそんなことになるんですか？
あの… 伝票の置き場所がいけないと思うんです 忙しい中あっちこっちに持っていかないといけなくて電話が入ったりすると置き忘れてしまうんですよね
カチン
置き場所ではなくて平泉さん自身のせいでしょう！ 机の上があんなにグチャグチャだったら伝票だってなくしますよ
…
だいたい平泉さんロッカーもまったく整理しないで… ご自宅もすごく散らかっているんじゃないですか？
ムッ
自宅のことまで…

第18話

何でそこまで言われなきゃならないんですか！
ガミガミ
少しはそのだらしなさを直してくださいって言っているんですよ！
ハニーマジック 時間よ止まれ！
高知さん落ち着いて
何よハニー！ 私マズイことでも言った？
まあまあ
言い過ぎよ…家のことは仕事に関係ないじゃない！
う〜ん… 確かにそうだけど…
だいたい直接見たわけでもないでしょう？ 家のことだけじゃないわ
え…？

ロッカーのこと事実かもしれないけれどこれも仕事には関係ないでしょ
そして最後に「だらしない」って言ったことそういう性格的なことも仕事には関係ないよね？
コーチングは相手を尊重することが大切だって何度も言ったはずよ
だって…
注意をするときには相手を尊重することを特に意識するの性格や価値観などその人の個性や内面を指摘してはダメよ
注意するのは直接関係ある行動だけなのね…
そうほめるときには個性や内面をほめてもいいけれど注意するときにそこまで踏み込むと結局は反発を招くだけよ
仕方ないまたやり直しね
ハニーマジック時間よ戻れ！

第18話

伝票がなくなってしまって…
でも大塚さんが
見つけてくれたので
大丈夫です
どういう状況
だったんでしょうか？
伝票の置き場所に
持っていこうとしたら
電話がかかってきて
どこに置いたのか
忘れてしまったんです
周りを見ればすぐに
見つかるはずですよ
どうして分からな
かったんですか？
それはその…
書類が多くて机の上が
整理されていないからだと
思います
確かに平泉さんの机の上は
書類が多いわよね
実はそのことは少し気に
なっていたんです
銀行はお客様の大切な現金や
書類をお預かりしていますから
身の回りは常にきちんと
整理整頓していただかないと

そうそう
個人的な
性格などではなく
仕事のことをしっかり
指摘するのよ♪
グッッド
お客様に
「書類がなくなったので
もう一度書いてください」
と言うわけには
いかないでしょう?
はい
もともと整理整頓が
苦手なんですが
職場ではもっと気をつけます
ご迷惑をおかけして
申し訳ありませんでした
どうやったら仕事がしやすい
デスクになるかしら?
印鑑やペンなどを使ったら
すぐにしまうとか…
大事な書類はすぐに処理するか
クリップでまとめて
未処理箱に入れるとか…
いいですね
すぐに
やってみましょう!
分かりました
ボワ〜ン

第18話

解説

●コーチングの考え方を活かす

コーチングの研修で、受講生から「コーチングでは部下を叱らなくていいのですか?」とか「甘いばかりでは部下が育たない…」などと言われることがあります。

確かに、コーチングの手法に「叱る」というものはありません。だからといって「叱らないで部下を育てましょう」というわけではありません。

部下育成、マネジメントにおいて、部下を注意したり叱ったりすることはもちろん必要です。しかし、大事なのは叱り方。「信頼関係を大切にする」「部下を人として尊重する」というコーチングの考え方は活かしてほしいのです。

整理整頓というのは苦手な人にとっては大変難しい課題です。平泉さんのように、職場で整理整頓ができていない人の場合、プライベートでも苦手なケースが多く見られます。重要書類が紛失する危険があるなら、その行動は是正しなければなりません。

●行動だけに絞って注意する

高知さんは注意する際、目の前の行動だけでなく、「ロッカーというプライバシー」や「家のあり方という個人的な価値観」にまで踏み込んでしまいました。職場の上司や先輩がここまで踏み込むのは「余計なお世話」であり、相手を尊重していません。

ロッカーが汚いことは直接仕事に関係ないですし、「家が汚いのではないか」という想像に基づく発言は、平泉さんの気持ちを傷つける結果となります。もしかしたら平泉さんは、整理整頓が苦手なことをコンプレックスに思っているかもしれません。

「いい性格だよね」などと、ほめる場合は価値観や性格に踏み込んでも構いませんが、注意したり叱る際には、「行動」だけに絞ることが必要です。行動のラインを踏み外さないためには、相手に対する思い込みや感情を整理しておくことが重要です。

第19話

言い訳をする部下

「人」に焦点を当てない質問をしよう

第19話

その日の業後
あら福井さん
お疲れ様
あぁ高知さんお疲れ
ちょっと若手のことで悩んでいるんだけど話を聞いてくれる？
何があったの？
2年目の谷川君なんだけどうまく指導できなくてね
谷川君なら知っているわ入行してからしばらく預金課にいたけど素直でいい子だったよ？
いやいや…全然素直じゃないよ！言い訳ばかりして自分の非を認めないんだ

へぇ～ どんなときに言い訳するの？
ミスとかトラブルを起こした原因を聞いたときだよ 再発を防ぐにはそこを理解させないとマズいだろう？
原因を明らかにするのは大切よね どういう風に聞いているの？
普通に「なんでできなかったんだ」とか「どうしてその対応をしたんだ」って理由を聞いているよ
それなのに…「やろうと思った…」とか「仕方なかった」って自分の弁護ばかりするんだよ
そうなんだ～ 福井さんも大変ね 私でいいならいつでも聞くわよ
ちょっと待った
ボワ～ン
何よハニー また来たの？
またとは何よ！ 今日はあなたじゃなくて福井さんに用があるの
やぁハニー 久しぶり

ねぇ
ミスの原因の聞き方って
それでいいのかな？
えっ？
ポカン
自分自身に置き換えて
考えてみなさいよ
ミスをして
上司と話すときって
どういう気持ち？
ミスをして
落ち込んでいるから…
申し訳ないっていう気持ち
そんなとき上司に
「なんでできなかったんだ」
なんて言われたらどう感じる？
う〜ん…
理由を聞かれて
いるというより
自分が非難されて
いるような感じかな
はっ
分かった！
責められて
いると感じるから
自分をかばって
言い訳をするんだ

そう質問が相手のやったこと(事)ではなくて相手(人)に直接向いているところがダメなのよ
人→×
事→○
——ということは「ミスそのもの」について質問すれば責められているようには感じないかも！
そうね
原因を分析させるには「あなた」に焦点が当たらないような質問をすればいいのよ
どんな聞き方がいいかしら？
例えば「そうしたのには何か理由があるの？」とか「どういう状況でその対応になったの？」とかどうかな
そう聞かれたらお客様や自分の状況を話しながらミスの原因を振り返ることができるかも
ふふ…
ボワ～ン

第19話

数日後
プルル…
お待たせしました
福井でございます
お宅の谷川君
昨日また約束の時間に
遅れたんだよ
こっちにも予定が
あるんだから
時間はきっちり
守ってもらわないと
困るよ
ペコ
ペコ
谷川君
ちょっと
カチャ
時間通りに
訪問できないのには
何か理由があるの？

そうそう「相手」ではなく「相手のやったこと」に焦点をあてるのよ
えっと…
人→×
事→○
スケジュール管理ができていないからだと思います 前の訪問先で話が長引いてしまって スケジュールどおりに竹下様のお宅に行けませんでした
どんな状況で話が長引いてしまったの？
先月 体調を崩されたお客様なので 将来に対して不安になっているようなんです それで最近はいろいろとお話を伺っていて…
そうだったのか 今後はもっと時間に余裕を持って訪問スケジュールを立てたほうがいいね 竹下様のところには僕も一緒に行ってお詫びしよう
はい お願いします
ポン

解説

●失敗の原因を分析させる

部下や後輩が失敗したときに大切なのは、原因を分析して再発を防止することです。コーチングで上司や先輩が関わることで、本人が原因を分析し、気づくことができます。これにより再発を防ぐだけでなく、本人の成長を促すこともできるのです。

ここで問題になるのが、原因の「聞き方」です。福井さんのように、「なんでできなかったんだ」「どうしてそう言ったんだ」といった「WHY」の質問をしがちですが、この質問には「あなたは」という言葉が隠れています。

つまり「なんであなたはできなかったんだ」と質問していることになるのです。失敗した「事」の原因を分析させたいのに、「人」に焦点が当たっています。

日本語は、主語が省かれていても、述語等で判断できる言語ですから、この場合も部下は「自分に非難が向けられている」と瞬間的に判断します。失敗して後ろめたい気持ちでいるときにこの質問をされると、「責められている」という印象を受けるのです。

そうなると、部下や後輩は「言い訳」をせざるを得ません。相手が言い訳ばかりだと感じたとき、もしかしたらそれをさせているのは上司自身かもしれないのです。

●「事」に焦点を当てた質問を

そこで必要なのは、質問の工夫です。「あなた」に焦点が当たらないようにすればよいのです。

例えば、「どうしてその状況になったの?」「何が原因なの?」など、「人」ではなく「事」に焦点を当てた質問をします。この質問をされることによって、部下は失敗の事実を客観的に見ることができ、冷静に原因を分析できる可能性が高まります。

また、コーチングの手法を活かし、部下の話をよく聴くことで、マイナス（失敗）をプラス（成長）につなげることができるでしょう。

第20話

目標管理面談の進め方

対話することで目標を具体化させよう

はぁ…
会議室
あら
大塚さん
どうしたの？
課長との面談で
今期の数値目標を
伝えられたのですが
あまりに高い目標で
どうしたらいいのか
分からないんです
課長はどうすれば
いいって？
課長には「頑張って！」
としか言われませんでした
でも前期もすごく頑張って
何とか達成できたのに
目標額がまた増えたので
これ以上何をやればいいのか…
そうなんだ…

第20話

会議室
高知さんの今期の数値目標はコレだね
はい
前期よりも数値は15%アップしているけれど高知さんには期待しているからよろしく！
今のような厳しい情勢でどうやったら達成できるんですか？
そうだねぇ これまで以上に積極的にセールスしてほしいね 私も目標管理が大変だよ
じゃあ 私は外出するから これで…
数字を一方的に押しつけられたみたいね
ボウ〜ン
はぁー
え…

あぁ ハニー
課長は
目標管理って言うけど
こんな面談じゃあ
どう取り組むのか
分からなくて困るわ！
大塚さんが
悩んでいたのは
このことだったのね
寺野課長がやっているのは
本来の目標管理面談
じゃないのよ
あれはただ数値目標を
伝達しただけね
Management by Objectives
⇩
目標による管理
目標管理というのは
経営学者のピーター・ドラッカーが
提唱したもので
「Management by Objectives」
つまり「目標による管理」の
ことなの
Managem
目標による管理？
ポカーン
これは
目標を設定することで
より成果を挙げようと
いうものなのよ
じゃあ
どういう風に面談をすれば
目標管理がうまくいくの？

目標数字が決まっているのは
仕方のないことよね
でも コーチングを使い
目標を具体化させることで
相手が主体性を持って
目標に取り組めるように
すればいいのよ
目標を具体化ねぇ…
これまでやってきた
対話の方法が有効だから
高知さんなら
できるはずよ
大塚さんを
助けてあげたらどう？
そうね
やってみるわ！
食堂
大塚さん
今期の目標を達成するために
何か方法は考えた？
いいえ
数字を見ただけで
無理だなっていう
気持ちになって
やる気が
なくなっちゃって…
そうだよね
どうしたらいいか
分からないよね

あらあら
寺野課長
いいところに♪
ハニーマジック！
食堂
クル
スッ
ん？
これまで目標は100%達成
できているよね？
前期はどういう工夫を
したんだっけ？
前期も数値目標が
増えたので
何とかしなきゃ
という気持ちに
なりました
うんうん
それで
お客様が投資にかなり
慎重になっていたので
とにかくフォローの電話に
力を入れました

第20話

どうだった？
多くのお客様に喜んでもらえて…相談に来店してくれる方も増えましたしお客様の希望を伺えたので様々な商品の提案にもつなげることができました
なるほどフォローの電話でお客様が信頼してくれたのね
どこが良かったのかな？
お客様の不安感を共有できたところでしょうか
提案するときもお客様のことを一生懸命考えたことが良かったんだと思います
それじゃあ今期はどうしようか？
まだフォローしきれていないお客様もいると思うのでフォローの必要があるお客様をもう1度ピックアップしたりもっと新規のお客様への声かけも増やしてみます
そうそう目標管理面談では数字を伝えるだけではなくそれを達成するために具体的に何をしたらいいのかを話し合うのよ
さすが高知さんうまいわね！
グッド！

前期よりも10％増やすとしたら1週間のうちで何人くらい新規のお客様にアプローチする？
う～ん新規のお客様は――
そうか！具体的に何をすればいいのかを話し合えば部下も目標が明確化してやる気を出してくれるのか
フムフム
明日の面談では数値目標を伝えるだけじゃなくどうすれば達成できるかまで話し合ってみよう！
よし！
翌日
パタン
あっ中島さん面談どうだった？
目標が高くなって大変ですけどどうしてこの数字になったのかとか具体的に何をしたらいいのかもハッキリしたので頑張れそうです！

第20話

解説

●数値をただ伝えるだけではない

「Management by Objectives（MBO）＝目標による管理」とは、「人は自分で設定した目標については自ら努力をするものだ」という人間観をベースに、経営学者のピーター・ドラッカーが提唱したもので、部下の目標に対するモチベーションを高めるための仕組みです。

たとえ本部から提示された数値目標であったとしても、管理者は部下とともに目標の意義を共有し、部下も目標を自分事と捉えて達成意欲が出るように話し合うこと—これが目標管理面談です。

しかし現状は、上司から部下へ数値目標を伝えるだけになっているケースが多いようです。これでは、部下のモチベーションが高まるどころか、部下は「やらされている」という印象を受け、プレッシャーを感じたり、やる気をなくしたりしてしまいます。

●数字を具体的行動へ落とし込む

目標を達成するには、「当事者にとっての具体的な目標設定」が必要です。営業担当者に話を聞くと、「成果を上げなければならないのは分かるが、何をすればよいのかが分からない」と言います。

そこで、コーチングを活用し、数値目標を達成するためには何をすればよいのか、具体的な行動へ落とし込みます。つまり、上司が決めて部下に伝えるのではなく、問いかけて考えさせることにより、主体的に取り組めるようにするのです。

「1日○人に声かけをする」「1週間に○件フォローの電話をする」といった、具体的な目標になると部下は取り組みやすいうえ、意欲もわいてくるでしょう。

今回は、先輩である高知さんが後輩と面談する形を取っていますが、実際の目標管理面談は管理者が行うものです。ただし、先輩がこのように後輩に目標のブレイクダウンを行うのも良い方法でしょう。

第21話
コミュニケーション不足の職場
チームワークの醸成に声かけを活用しよう

近代銀行
おはよう中島さん 先週 大塚さん 大きな荷物をかかえて 帰ったけど どこに出かけたのか 知っている?
いいえ 大きな荷物なんて 気づきませんでしたけど…
何かスポーツでも しているのかな?
さあ… 聞いたこと ありませんね
最近 仕事のこと 以外は あまり話を しないのね…

第21話

お待たせしました
これは私の通帳じゃないわ！
何やってるのよ
も…申し訳ありません
何度同じことで電話して来るんだ今朝連絡しただろう！
失礼いたしました

すぐそこにいるんだからメモだけじゃなくてひとこと言ってくれたらいいのに…
井上様より 連絡あり 平泉
何だかミスが多いなぁ…
その日の休憩中
お疲れ 何か浮かない顔だね？
あら 福井さん 最近忙しいせいか営業のみんなミスが多くて困っているのよ コミュニケーションも不足気味で何かギスギスしているし…
渉外課も殺伐としているよ 仕事が忙しくて会話する余裕もないし「お願いします」とか「ありがとう」もあまり口にしないしね

第21話

これはとても大事なことよ 高知さんが困っているのは 事務ミスが増えていることだけど 不祥事やメンタルヘルスの問題も コミュニケーション不足が 原因の1つといわれているの
高知さん… 解決できるかなぁ？
最近は 働いている人同士のつながりや 信頼関係が失われて 「機械」のようになっている ような気がするの それが増えているミスの 原因だと思わない？
確かに 一緒に働く者同士が お互いのことを気遣わなければ ミスも起こるよね
みんなの気持ちを 結びつけるために コーチングが 使えないかなぁ…
どう 何か解決策は 浮かびそう？
パッ
やだハニー 聞いていたんだ！
みんなにちょっとした 声かけをしてみようと 思うんだけど どうかな？

声かけには「あなたのことを気にしているよ」という意味があるわけだから声をかけ合うことでお互いに気持ちを通じ合わせられるかもしれないと思って
うん いいと思う！
コーチングは「上司から部下」だけでなく日常的に使い合うことが大事なのこんなときの声かけではオープンな質問が有効よ♪
分かった！やってみるわ
翌朝
おはよう中島さん
…
オープンな質問よね…
ねぇ中島さん 週末どうだった？
検定試験の勉強をしなきゃと思っていたんですけどDVDを借りて見ちゃいました

第21話

何のＤＶＤ？
海外ドラマの『24』です
中島さんって海外ドラマが好きだったのね実は私も好きでよく見るのよ
え…高知さんもですか？見始めるとやめられませんよね
バタ
バタ
寺野課長がギリギリなんて珍しいですねどうしたんですか？
妻が同窓会で実家に帰っているんだよそれで僕が娘の面倒を見なきゃならなくて…
娘さん今年中学受験でしたっけ？
あぁ今月は追い込みだね

グッド
みんなが声をかけ合って
会話が増えてきたみたいね
お互いの気持ちも
通じ合ってきたんじゃないかしら
1ヵ月後
大丈夫ですか？
手伝いますよ
すみません
助かります
これ急ぎで
お願いします
分かったわ

第21話

お待たせしました
ここのお店
最近感じよくなったわね
そうですか？
ありがとうございます！

解説

●会話のない職場が増加中

　金融機関では、経済状況の悪化にもかかわらず以前より数値目標のプレッシャーは増し、行職員の表情が暗くなっています。さらに、新型インフルエンザや心の病による休職なども加わり、人材もギリギリの状態です。

　そんな中、職場の同僚同士の仲間意識の希薄さが顕著になっています。雇用形態の多様化も背景にありますが、正社員同士でも仕事以外の会話をする機会が皆無という職場も多いようです。つまり、隣に座っている人の「人となり」に触れる機会がないのです。

　作者もかつて厳しいプレッシャーのかかる職場を経験しましたが、ちょっとしたコミュニケーションで、人とのつながりを感じ「1人じゃない」という気持ちで頑張ることができました。

　コミュニケーションの欠如した職場では、各自が「工場の機械」のような気持ちになってしまい、お互いに対する思いやりも生まれません。また、仲間意識も醸成されず、孤独を感じる日々なのではないでしょうか。

●声かけが人とのつながりを生む

　こうなると仕事のパフォーマンスは低下し、意思疎通不足による事故も起こります。コミュニケーションの欠如している職場には、ミスが起こりやすいのです。また心の病や不祥事も、昨今のコミュニケーション不足が一因であることは周知の事実です。

　そこで、取り入れたいのがコーチング的なコミュニケーションです。「お互いを尊重し合ってコミュニケーションを取る」、そして心の触れ合いを取り戻すことで、仲間意識、つまり「チーム」としての意識を蘇らせるのです。「どう？」「どうだった？」といったほんの少しの声かけで、人の心をオープンにし、つながりを生む可能性が出てきます。コーチングは、チームワークの醸成にも大いに活用できるのです。

第22話

盛り上がらないミーティング

問いかけと承認で話しやすい雰囲気を作ろう

ある日の業後
近代銀行
今日は何のミーティングなんですか？
クレームに関することみたいだよ
会議室
――というわけでクレームを減らすための対策を考えてほしい
…
だれか意見のある人？

第22話

もう少し仕事に余裕があればもっとお客様のことを考えられるんですけど…
人を増やすわけにはいかないんだからそんな風に考えると前に進まないだろういまの状況でできることはないかを聞いているんだ
まぁそうですが…
…
大塚さん意見はないかな？
ビクッ
あの…その…
モゴモゴ
じゃあ私から提案だがまずお客様が来店されたら全員で「いらっしゃいませ」を必ず言うそれと電話に出るときには銀行と支店名だけでなく必ず自分の名前も言う

こんなところから始めてはどうだろう？
とりあえず今日はこれで終わりにするが各自もっと考えておくように！
あれだったら課長が指示を紙にまとめて渡してくれればいいのにね
ヒソヒソ
そうですよねミーティングを開く意味ないですよ
来週もう一度今日のテーマでミーティングしたいんだが私は時間がないので高知さんお願いできるかい？
はい分かりました

第22話

またお困りかしら?
ボワ〜ン
あらハニー課長にミーティングの仕切りを頼まれたけど別に困っていないわよ
へぇー成長したじゃない!じゃあ今日の盛り上がらないミーティングはどこが悪かったのか教えてよ
そうねぇ…私が最初に意見を言ったときに課長がすぐにNGを出したでしょう?それでみんなの緊張感が高まってしまったのよ
ええそうだったわね
特に若い子は課長に否定されるのが怖くて発言できない雰囲気になってしまったのが良くないわ
高知さんはどんなミーティングをするつもり?
まずはみんなが自由に考えて自由に意見を出し合ってそれからベストな結論を導き出すミーティングかな

いろいろな意見を出し合うことは大切よね そのためにはどうすればいいと思う?
人の意見を否定しないでなるべく多くの人が発言できる雰囲気にすればいいんじゃないかしら
その通りね! 具体的にはどうするの?
どんな意見でも肯定的に受け止める つまり考え方を承認することが大切よね それで問いかけ方はオープンな質問を使おうと思っているわ
バッチリよ! 何だかもう私が教えることはないみたい
翌週・会議室
今日はこの間のテーマをもう一度話し合います まずはクレームが多くなっている原因を考えてみましょう
中島さんはどう思うかな?
えっと… この前高知さんが言ったようにみんな忙しすぎて余裕がないのが原因だと思います

第22話

そうそう
最近特にみんな
忙しくなっているよね
平泉さんはどうですか？
ミスをしない
ことばかりに
集中してしまい
お客様のことを
よく見ていなかった
ような気がします
確かに…
私もそうかもしれないなぁ
他の人はどう？
グッド
問いかけと承認で
発言しやすい雰囲気が
うまく作れているわね♪
今度は
何をしたらお客様に
喜んでもらえるか
具体的なアイデアを
出し合いましょう！
大塚さんはどう思う？
そうですね…
毎月交代でCSリーダーを
決めるのはどうですか？
なるほど
いいアイデアだと思うわ！

翌日
昨日のミーティングで決まったクレームの防止策です
ありがとう ずいぶんたくさんの意見が出たみたいだね 高知さんに任せて良かった
そうだ高知さん 支店長が呼んでいたよ 何か大事な話があるそうだ
大事な話？
パタン
何の話だったの？
本部の営業推進部へ異動が決まったのよ
そうなんだ～ じゃあこれからは高知さんがコーチングを教える立場ね！
うん 今までありがとう 本部へ行っても頑張るわ！

第22話

これからも
中野支店をもっと
素敵なお店に
してください！

解説

●発言の否定はプレッシャーに

ミーティングの目的は、参加者の意見を聴いてそれを集約し、方向性を定めることです。またチームの方向性を共有化し、当事者意識を持たせるという役割もあります。

しかし、参加者から意見が出ずに、上位者からの意見・情報の伝達で終わってしまうことはないでしょうか。貴重な時間は効果的に活用したいものです。

寺野課長は、せっかく高知さんが発言をしたのに、それが期待した内容ではなかったため、即座に否定してしまいました。

このように、集団の中で上位者が発言を否定すると、他の参加者も「否定されるのではないか」と思い、上位者が望む「正解」を答えなければならないというプレッシャーを感じてしまいます。そのため、テーマについて考えるよりも、できるだけ口を開かないようにするか、あるいは上位者が気に入る答えを考え、本来のミーティングの目的と離れていってしまいます。

●一対多でも基本は変わらない

ミーティングを開く際にまず行うべきことは、だれもが自分の意見を言える雰囲気、お互いの考えを尊重する場を作ることです。そして、そのために活用できるのが「承認」です。

ミーティングでは、上位者が望む意見だけが出てくるわけではありません。思いがけない視点からの有意義な発言が生まれるのもミーティングの良さです。そこで、できるだけたくさんの意見を出し合い（拡散）、結論はそれから絞り込む（収束）ことがよいでしょう。

一人ひとりが考えることで、結論に対して当事者意識を芽生えさせることもできます。オープンクエスチョンでの問いかけと承認—つまり、一対一も一対多の対話も、コミュニケーションの基本はまったく同じなのです。

前田典子（まえだのりこ）

人材育成コンサルタント／ワークライフコーチ
1960年神奈川県鎌倉市生まれ。上智短期大学英語科卒業後、1981年東京銀行（現東京三菱UFJ銀行）入行。クレディ・スイス東京支店、（株）MSC（マネジメント・サービス・センター）勤務の後、2度の独立を経て、現在Keiビジネス代表。コーチ21およびCTIジャパンにてコーチングを学ぶ。ビジネス経験とコーチングを活かし組織内の人材育成、一般向け講演・セミナーを行う（テーマ：コーチング、コミュニケーション、キャリアデザイン、ビジネスリテラシーなど）。その他、経営者、ビジネスマンを対象とするパーソナルコーチング、雑誌等の執筆活動も行っている。

著書
・「口ベタだっていいじゃない」と思えるコミュニケーション力養成講座（ダイヤモンド社）
・強い営業店をつくる　今日からやろうコーチング！（近代セールス社）
・女性力で強くなる！　新たな視点で切り開く人材マネジメント（近代セールス社）

HRD社公認DiSCインストラクター
NLPマスタープラクティショナー
CDA（厚生労働省指定キャリア・コンサルタント能力評価試験合格）

Keiビジネス　http://www.kei-business.com/

マンガ　コーチング実践ものがたり
銀行員のための元気な職場の作り方

平成22年4月22日　初版発行

作――――前田典子
画――――栗原　清
発行者――福地　健
発行――――株式会社近代セールス社
〒164－8640　東京都中野区中央1－13－9
電 話03－3366－5701
FAX03－3366－2706
印刷・製本――株式会社技報堂

ISBN978－4－7650－1063－4